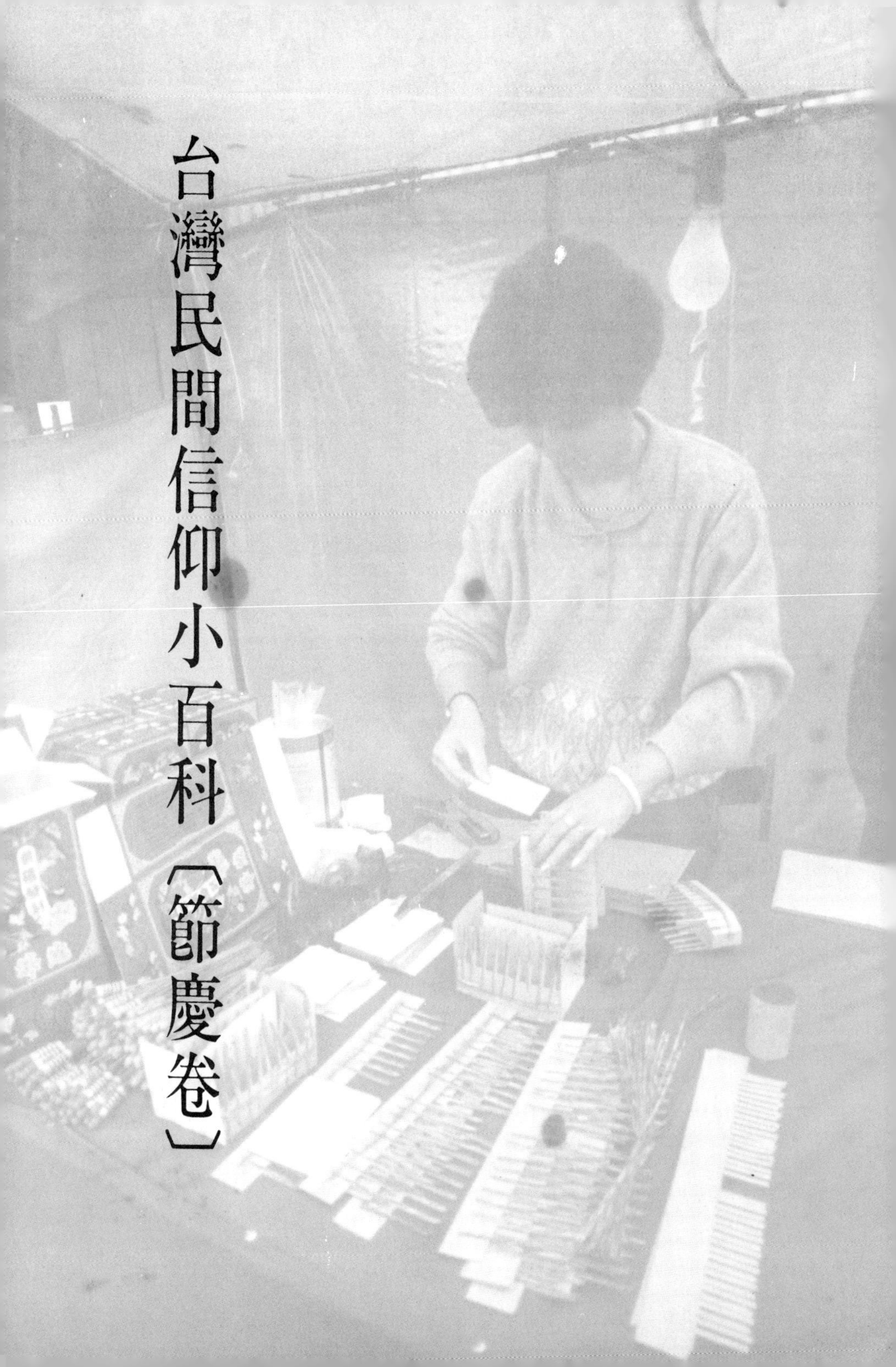

台灣民間信仰小百科〔節慶卷〕

讓傳統文化立足世界舞台

——《協和台灣叢刊》發行人序

這是一種相當難得且奇特的經驗，四十歲之前，許多人常會問我的，總是一些生理與醫療方面的問題；四十歲之後，我最常思考的卻是文化方面的問題。

如此南轅北轍的改變，最主要的原因，應該是來自我的經驗法則：跟每一位成長在戰後的一代相彷，自童年長至青年，無論是家庭、學校或者是整個社會給我的壓力，只是讀書、考試，考試、讀書；而我一直也沒讓人失望，唸完醫學院後，順利負笈英國，接著又在日本拿到博士學位，先後在美國及台灣擔任過許多人欽羨的婦產科醫生，也正因此，讓我有太多機會在世界各地認識不同的友人。然而，這樣的機會卻總讓我感到自卑，這自卑並非來自專業知識，而是每每交換及不同的文化經驗時，少數識得台灣的友人，也僅知道這個海島擁有七百億的外匯存底而已。

這個殘酷的事實，逼著我不得不慎重的思考：什麼樣的文化，才足以代表台灣？

●

一九八三年間，我結束了在美的醫療工作，

回台全力投注於協和婦幼醫院的經管，由於業務的需要，常有機會到日本去，有一次在橫濱的一家古董店裡，發覺了十幾尊傳統布袋戲偶，讓我突然勾起兒時在台南勝利戲院，坐在長排椅的椅背上看內台布袋戲的情景；不久後，在大阪天理大學附設的博物館，看到那尊清乾隆年間的戲神田都元師以及古色古香的「六角棚」戲台，還有那些皮影、傀儡、木雕、銀器、刺繡與原住民族的工藝品，讓我產生極大的感動，忍不住當場流下眼淚。

我的感動來自於那些代表先民智慧與工藝水平的器物之美；忍不住掉下的眼淚，則是因為這些製作精巧，具有歷史意義又代表傳統文化精華的東西，在這外邦受到最慎重的收藏與保護，但在當時的台灣，除了某些唯利是圖的古董商外，根本乏人理會！

除了感動，同時也讓我感受到日本文化侵略的危機，這種危機感也許可溯自大學三年級的暑假，我參加基督教醫療協會，到信義、仁愛、望洋等山地部落，從事公共衛生的醫療服務時，便深刻體會到日治時期對台灣山地的積極教育，讓日本文化、語言以及民族性都紮下不錯的根基，其深厚的程度甚至令人驚駭，只是當時的情況，個人並無力改變什麼。及至一九八〇年前後，我結束學業，回到台灣後，第一件事便是找到彰化教育學院的郭惠二教授，試圖回到山地，經管一個模範村的計劃，結果模範村計劃因故流產，而那次再回山地，讓我不敢置信的是，由於電視進入山區，使得原住民族的文化幾近完全流失，少數保存下來的，卻是日治時期的文化遺產。

這是多麼可怕的文化侵略啊！難道連日本人走了，都還能予取予求地用區區的金錢，換取我們最珍貴的傳統文化？

如此揉合著感動、迷惑又驚駭的心情，讓我在東京坐立難安，隔天，便毫不考慮地到橫濱那家古董店買回店中所有的布袋戲偶，同時又透過種種關係，買回「哈哈笑」劇團最早那個被台灣古董商騙賣到日本的戲棚。

那絕不只是一時的衝動而已，我很清楚地告訴自己，只要在能力範圍之內，將盡可能地尋回這些流落在外的文化財產；這些年來，雖沒有明確的收藏計劃，但只要是有價值的東西，我都不肯放棄，至今，也才稍可談得上規模。

●

嚴格說來，我是個典型受西式教育的人，加上長年在國外的關係，讓我對藝術或者文化，都懷有較深且闊的世界觀。

最早我在英國唸書的時候，便跑遍了歐洲重要的美術館，後來每次出國，只要有機會，決不會錯過任何一個可觀的現代藝術館。

除了參觀與欣賞，我也嚐試著收藏一些美術的東西，收藏的目的，除因個人的喜好，當然也因為美好的藝術品也是不分國界的！

也許有人會認為，在這傳統與現代之間，必有無法調和的衝突之處，我又如何面對呢？其實，我從不認為這兩者之間會有相互矛盾或衝突之處，任何一種藝術品都有其共通之美，而其中蘊含的不同文化特色，正足代表那個民族的特殊之處，傳統的彩繪與現代美術作品，正是兩類截然不同的作品，正因其不同，我們才能在彩繪中，體認先民的精神與生活狀態，它的價值，除了美之外，更在於它所蘊含的特殊文化表徵。當然，時代的快速進步之下，傳統的美術、工藝與文化，面臨了難以持續的大難題，導致這個問題的因素頗多，例如政府政策的不當、教育的偏頗以及社會的畸型發展，讓戰後的台灣人擁有最好的知識教育，卻完全缺乏生活教育，終造成今天這個以金錢論成敗，從不考慮精神生活的社會型態。

過去，也有許多的專家學者，對這個病態的社會提出不少頗有見地的意見，但我一直認為，任何一個正常的社會，必要擁有正常的文化。台灣光復以來，政府當局全力追求經濟建設的成長，卻不顧文化水平一直在原地踏步，直到近幾年，有關單位似乎也較積極地從事文化建設；只是，當中共的廣東省政府，花了兩億美元整修一座五落大厝，成為一座古色古香的廣東地方博物館時，台灣的左營舊城門才剛剛被毀，半毀的麻豆林家也被拆遷，這樣的文化建設又怎能談得上什麼成績呢？

在這種種難題與僵局之下，要重振傳統文化，重新獲得現代人的肯定，甚至立足在世界的舞台上，就不能光靠政府的政策與態度，而是我們每個人都有責任付出關心與努力，用現代化的方法與現代人的觀點，提昇傳統文化的品質，再締造本土文化的光輝。

●

從開始收藏第一尊布袋戲偶起，彷佛便註定我將走上這條寂寞卻不會後悔的文化之路。

過去那麼多年前，只是默默地收藏一些珍貴的文化財產，我當然知道，光如此是不夠的，但直到今天，時機稍稍成熟，才敢進行下一步的計劃。這個計劃，大概可分為三個部份：一是成立出版社，二為創立臺原藝術文化基金會，三則創設臺原傳統戲曲文物館。

臺原出版社成立的目的有二：一是專業台灣風土叢刊的出版，這是一套持續性的計劃，計劃每年分三季出書，每季同時出版五種台灣風土文化的叢書，類別包括：民俗、戲曲、音樂、歷史、工藝、文物、雜俎、原住民族等大類，每本書都將採最精美的設計與印刷，用最通俗的筆法，喚醒正在迷茫與游離中的朋友，讓更多的朋友重新認識本土文化的可貴與迷人之處。我深信，只要持之以恆，所有努力的成績不僅將獲得關愛本土人士的肯定，更將贏得國際間的重視；二為出版基金會的專刊，臺原藝術文化基金會成立之後，將有計劃地整理台灣的傳統藝術之美，諸如戲曲之美、偶戲造型以至於建築、彩繪之美……等等。

至於基金會與博物館的創立，則是我最大的目標，這兩個計劃其實是一體的，博物館只是基金會的附屬單位，主要的功用在於展示基金會所收藏的文物與美術品；至於基金會本身，除了推廣與發展本土文化，定期舉辦各種研習營與表演、演講，更將策劃舉辦各種世界性的文物交流展，目的除了讓國人有機會打開更廣闊的視野外，更重要的是讓本土文化立足在世界的舞台上。

讓本土文化立足在世界的舞台上，不僅是臺原藝術文化基金會與出版社努力的目標，更是每個關愛本土文化人士最大的期望，不是嗎？唯有如此，才能重拾我們失落已久的自尊！

（本文獲選入《一九八九年海峽散文選》）

見林見樹見根鬚

——劉還月和他的《台灣民間信仰小百科》

就台灣民俗範疇來說，「民間信仰」是我最感興趣也是我著力最多的一個環節，因為這裡有我的童年，有我的戀鄉情愫，當然也有我的文化冀求；儘管在裡頭鑽研甚久，盲點不能說沒有，但總覺得功力應有「吸星大法」的火候了，可是看了劉還月的《台灣民間信仰小百科》後，才猛然覺醒，如同被「乾坤大挪移」擊中一樣，原來我吸的「星」，竟然只是一顆流星——一顆不小心從天邊流落下來的小星星而已。

台灣民間信仰是常民底層的通俗文化，深深影響著台灣人的生活作息，雖然我們都生活在底層的裡頭，但由於故意的漠視，甚至排斥，大多數人對她的瞭解，不是似懂非懂就是全然不懂，有些人還認為那是落伍的、迷信的，不屑一顧，可是他們卻對天主、基督虔敬有加。這是教育問題？民族自信心問題？還是……。

一九九二年初春，家鄉的南鯤鯓廟舉行三百年來最大的「文化祭」，縣文化中心辦的「報導文學營」也在此舉行，實際採訪寫作的題目就以「文化祭」為範圍，結果收回來的一百多份作品中，幾乎有一大半都在自我懺悔，懺悔

漠不關心、懺悔太慢認識、懺悔諸多誤解、懺悔從旁掠過而不知把握、懺悔……有人驚訝民間信仰竟有如此豐富的人文色彩，有人感嘆民間信仰的力量真偉大，更有人乾脆陶醉在民間信仰的懷抱裡……。

也許是教育問題，也許是民族自信心問題，向來我們的教育就不教這些，即使高喊重建本土文化意識的知識份子，也不曾建立什麼「知識」來教育下一代，癥結所在是，我們並沒有設計出一套傳承的教育制度，同時也沒有創造出一個本土的教育環境，年輕一輩不知道如何學習，也不知道從何學習，這也就難怪他們對包括民間信仰在內的本土文化的陌生和隔閡了。在南鯤鯓廟參與「文化祭」的朋友的自省和無奈，其實也不難想見的。

也許，這是正統教育體系之外的一道曙光。這些年來，參與本土文化研究運動的幾位健將，正有意無意地在彌補這個缺陷，他們從各個學科各個角度來觀察和關心台灣文化的種種樣貌，成績也日益顯現，劉還月是在民俗範疇中，出道較早且較突出的一位，「較早」並非較早「絕頂聰明」，而是較早懂得反省和努力，「突出」也並非突出「五短將軍」，而是突出佳績和影響力，他豐富而等身的著作，正是有如「乾坤大挪移」這種高強武功的最好註腳；《台灣民間信仰小百科》是繼《台灣歲時小百科》之後，一部可以讓我們進入台灣民間信仰世界的民俗秘笈，在此修身練功兩相宜。

常常我在想，劉還月怎麼會有這麼充沛的精力，專搞小百科？這是一項既繁瑣又艱鉅的大工程，做任何學問的人最怕嘗試，這豈是和短小精幹的身材有關？

《台灣民間信仰小百科》大抵以福佬信仰為主，客家禮俗為輔，另兼有不少平埔族文化，從線香、四果蒐到廟神、辟邪物，從進香、繞境談到法器、儀式，再從童乩、師公說到王船、醮事……，林林總總，洋洋洒洒，共達一千餘篇，大致民間信仰碰到的問題，都可在這本祕笈找到；對一個客家子弟來說，這是一件多麼了不起的偉大工程，足以叫包括我在內的每一位福佬人感到慚愧！簡直可以自廢武功以謝列祖列宗算了。

三、兩分鐘即可獲得一種知識的《台灣民間信仰小百科》，篇篇短小，章章獨立，外觀上也許真的和劉還月的身材近似，但更近似的是，它的內容和筆調的「精幹」，談觀點，言簡意賅，說意義，一語道破，間有當頭棒喝的批判，不僅見林見樹，也見到了深埋底層的根鬚，其實，那就是我們的人性；挖出了信仰，也挖出了人心。

也許，這真的是一部龐雜的工程，龐雜得叫劉還月無法樣樣皆事必躬親的工程，從中我們雖處處可以看到他披星戴月在田野工作的足跡，但當中也有不少引經據典的「傑作」，尤其瀕臨或已經消失的民俗現象，這本是研究工作無可奈何且無可厚非之事，可是對以本土立場再出發的作品而言，這部份似乎少了那麼一點時代性。

雖然劉還月的福佬話講得嘰哩呱啦叫，但在面對民間信仰的專有名詞時，仍有好些「講不輪轉」的，唸北京話也不是，翻成福佬話也不通，最後只好有邊讀邊沒邊唸中間了；對一個客家人而言，這樣可能苛責了點，不過，既是經典名著就要經得起千錘百鍊，始能練就金剛不壞之身，如果能在福佬話方面稍微加強，並予注音，價值性將會更高。

這些或許都只是雞蛋裡挑骨頭而已，整體而言，仍是瑕不掩瑜，劉還月的努力，應該可以得到肯定的。

毫無疑問的，《台灣民間信仰小百科》是當今信仰現象較為周遍和詳盡的一部解說，雖然仍有遺漏，但並不能否定這部巨著的貢獻，光看標題就足以叫你兩眼昏花、四肢無力了。

在民間，我們看到人們的辛勤和歡娛，也看到劉還月的足跡和汗水；在字裡行間，我們看到人們的生活和心情，更看到劉還月的專注和功力，《台灣民間信仰小百科》的現身江湖，豈只「乾坤大挪移」一掌而已，千招萬式滿佈其間，遊走裡頭，稍一不慎，人人都可變成武林第一高手，而這，正是劉還月最大的心願。

台灣人生命禮俗中的自然崇拜

——《台灣民間信仰小百科〔節慶卷〕》代自序

台灣，做為西太平洋邊陲的一個島國，由於居民組成複雜，加上氣候及環境的特殊，使得台灣的文化，不僅呈現出複雜而多樣的風貌，更具有海洋文化最主要的特質：吸收性強，創造力大。因而在台灣，常會出現許多獨特的、原創性的文化。

屬於常民文化一環的民間信仰，不僅和人的關係密不可分，更受到天候環境以及地理區域的影響頗大，所謂「十里不同風，百里不同俗」。台灣漢人的民間信仰，雖然原始乃隨著漢人移民來台，卻在主觀及客觀的環境影響下，和中國閩南與粵東沿海的信仰，產生相當大的差異。

台灣民間信仰的特質與特色

所謂民間信仰，乃是指一個地區或者一特定族羣，為了滿足生活的需要，或者協助克服環境的困阨，而發展出綜合多種宗教神祇、祭祀禮俗，又不單屬於一教一派的信仰行為。董芳苑博士曾就台灣民間信仰和世界三大宗教做一比對，歸納其獨特性如下：

一、民間信仰沒有明顯的創教人，它是當地居民傳統的信仰依循。……

二、民間信仰沒有特定的經典，傳統禮俗是它的權威。……

三、民間信仰沒有清楚的宗旨或教條，以便善男信女遵循。……

四、民間信仰沒有特定的入教儀式，它是民間代代相傳的傳統宗教。……

五、民間信仰沒有宣教推動力，它是一種民族性宗教，始終流傳於本地。……

六、民間信仰是一種文化現象，也是信徒認同自己文化的對象。……（《認識台灣民間信仰》）

由於沒有明顯的創教人，使得民間信仰沒有共同的主神。玉皇大帝雖為神格最高之神，但有許多村落和廟並不供奉祀，往往因移民、墾拓或者兵禍等原因，奉祀鄉土性、族羣性的守護神為至尊，這種現象處處可見，卻無任何規律可以約束，充份顯示了民間信仰的自由性，享有完全自由發展的空間。

民間信仰缺乏人人必須尊奉的聖經，更無清楚規定的宗旨或教義，使得人們祭神祀鬼，大多只為了自己或家人私人性的目的，這種人神之間一對一祈求以至於回應的祭祀方式，容易淪為私相授受，乃至於衍生了許多賄賂性的祭祀行為，人們希望藉著對神明的奉獻與示好，除了正面的祈求得子嗣、得佳偶、早痊癒、求順利、獲功名……之外，也賄賂神明有罪免罰、死後不必受苦、不必下地獄……等，如此現求現報的特質，無可逃避地也表現出民間信仰最現實的一面：無論神格高低，是神是鬼，只要有靈，香火必然鼎盛，否則不管神格再高，根本沒有幾人會去祭拜祈求。

尚未成為一教一派的民間信仰，自然也就缺乏主要的推動力，往大的方面來看，它無法超越國家或民族；小的方面，明顯受到地理環境與歷史因素的左右，而發展出各區域不同的崇祀主神或信仰行為，這種地域性的特質，正是主導台灣常民文化發展出獨特風貌與本地色彩的關鍵因素。

孤懸在海上的台灣，古來本為南島系民族高

山族與平埔族人的原居地，十七世紀始，漢人大量移民後，島上住民漸趨複雜，不同的族羣在墾拓的歷程中，經常為了利益甚至是生存權的衝突，衍生過許多的紛爭，同時，也隨著時間的演進，不同祖籍、不同族羣以至於原住民和漢人混居的現象漸生，無論是衝突或者融合，對民間信仰都產生直接的影響。台北大稻埕的霞海城隍以及艋舺青山王，兩神的職司與神格本有頗大的差距，卻發展出幾乎完全相同的暗訪形式、迎神隊伍、家將團以及祭典風格，正是「頂下郊大械鬥」之後，兩族羣的人展開良性競爭的結果；平埔族人「性喜野祀。野祀者，宋子魚所言淫昏之鬼是已。行其庭，偶像布滿其上，間旬日，神降乩，巡歷某地，與過火為厭。禳則舉國如狂。屆期，番族一隊隊鳴鉦鼓，舁諸偶像至，俟咒禁師焚籙畢，勅撒鹽抑火氣使戢，跳躍者久之。事畢，如鳥獸散，是謂過火禮成。」（吳子光《台灣紀事》）的舊俗，與漢人祭典中，祛穢健身的過火，意義和作法幾乎完全相同，顯見台灣的漢人文化，在某種程度上受到平埔族文化的影響，並相融成一種新的海洋文化。

位於溫帶與熱帶交界地帶的台灣，島上多高山及熱帶森林，雖早被稱做美麗之島，在西方傳教士或商人的眼中，卻也是個易生風土熱病，不適合人居住的島嶼。

十七世紀，中國東南沿海的許多漢人，或者受迫於兵禍荒旱，無以維生，或者嚮往海外淘金致富……紛紛向東南亞諸地發展，台灣為其中最重要的目標，多數漢人原居的緯度與氣候，都和這個孤島相近，然而卻同樣無法逃過風土病的魔掌。

清康熙初，施琅降清時奏報〈盡陳海上情形疏〉謂：「原住台灣者（指漢人）有二、三萬人，……此數年彼處不服水土病故及傷亡者五、六千……」，可見移居台灣的漢人中，有四分之一左右逝於風土病，致使人人談風土病變色，有些地方甚至被稱作瘴鄉，「台南、北淡水均屬瘴鄉。南淡水之瘴作寒熱，號跳發狂；治之得法，病後加謹即癒矣。北淡水之瘴，瘠黝而黃，脾泄為痞、為鼓脹。蓋陰氣過盛，山嵐海霧鬱蒸中之也深。又或睡起醉眠，感風而發：故治多不起。要在節飲食、薄滋味、慎起居，使不至為所侵而已。」（周鍾瑄《諸羅縣志》）。

從漢人入墾以降，移民的複雜帶來諸多問題，加上環境的惡劣，交通的不便以及醫生的匱乏……再再都是影響民間信仰發展的重要因素。族羣的衝突和紛爭，使得地區性的守護神大量勃興，開漳聖王、開台聖王、三山國王……等，在許多地方都可見到，是為最明顯的證據；同時也使得守護神的神格大幅提昇，原本僅少數惠安移民私奉的青山王，在艋舺的「頂下郊械鬥」之後，神格被提昇為和霞海城隍分庭相抗的司法神，迎神的祭典更擴充為北台三大迎神賽會，影響之深可見一斑。

環境的惡劣與醫療設施的短缺，最直接的影響因素更是有應公處處可見。有應公乃有求必應公之簡稱，乃指無主的孤魂野鬼，這些亡靈孤魂，可能受到天災人禍，爭戰兵禍，風土瘴癘……種種傷害而亡逝路邊、田頭，附近居民因惻隱之心，或懼鬼魂作祟，乃予以收屍埋葬，或建小祠祭祀，有應公也就因此而誕生。台灣無論鄉村或都市，海邊或山區，處處都可見到或大或小的有應公祠，所謂「田頭田尾土地公，村前村後大墓（有應）公」，印證了早期台灣環境的惡劣。這些來由不一，成因不同的有應公，由於太過多而雜，相當程度地影響著民間信仰往現實、功利，甚至粗俗的方向發展，早年傳統中的五鬼搬運術以及戰後大家樂賭風的興起，人們向有應公求明牌，簽中了以脫衣舞還願，簽不中則潑糞毀神像……的例子，都是令人憂心的現象。

死亡的威脅愈是強大，相對的求生存、求健康以至於求長壽的需求也就愈強大，為了滿足人民的需要，民間信仰中更有許多不同的神祇供人們祈求，從求子嗣開始，嬰兒求好育飼，體弱求健康，病疾求早日痊癒，婚姻能得佳偶，運氣前途光明燦爛，上了年紀，還要求長命百歲……，其中多數都已超越單純的信仰，而成為生命禮俗的一部份，顯見人民的依賴與重視，而這種種現象，更是台灣民間信仰最重要的特色之一。

植物崇拜與生老病死

台灣民間信仰的特色之一，就是缺乏足以令各派臣服的教主與「唯一的真神」，人們可以完全依自己的喜好、需求甚至為了贖罪、解厄或者其他被動性的理由，膜拜各種不同的神祇，而且很可能原本拜某種神祇，發現不怎麼靈驗，馬上改祀他神，更有許多人為求萬無一失，乾脆大大小小任何神明統統膜拜，這種「多神主義」或稱「交替神主義」的敬神方式，一來為促使台灣民間信仰蓬勃發展的重要因素，同時為滿足不同善信各種不同的需要，必須不斷擴充神明的種類，從天神地祇到英烈聖哲，從自然萬物到陰陽鬼怪……任何東西、現象、靈魂，都可能在人們的需求下成為神祇。相對的，任何神明也可能因為不再靈驗，而為人民所遺棄，大神大道的下場是廟破香火稀，小神鬼靈甚至往往就直接遭到人們的破壞或報復，被砍斷手腳的神像，被潑油漆甚至糞便的石頭公、樹王公，都是遭到人們報復的下場。

神明的眾多，使得人們可以自由地選擇信仰的對象，如此一來，使得人和神之間呈現一種相互利用的狀態，這種不穩定而又曖昧的關係，雖然很容易本末倒置，讓神成為人的奴僕，為滿足人們的慾望而服務，但民間信仰長期發展下來，也已累積出許多穩定的經驗與約定成俗的法則：諸如玉皇大帝為神格最高之神，人人敬而遠之；媽祖、王爺等大神大道，只會保佑人們闔家安樂，事業平順發展，人們身體健康，孩子快快成長……；若要求偏門的橫財或者艷福，也就只好找小神鬼靈——如此經驗的反射下，人們對生命的種種祈求，自然會以本身便具有長壽、堅硬、光明……等特質的東西做為對象。

台灣的民間信仰和生命禮俗之間，關係最密切的崇拜對象，大體包括植物崇拜與自然崇拜（包括自然神）兩大類。

民間崇拜植物，大體不脫下列四大因素：

一、祈求生殖與傳宗接代：植物的花和種子，大多具有鮮艷美觀以及強大生殖力等特徵，民間對於各種花樹及花卉的祭祀，乃為了祈求傳宗接代。

二、追求健康長壽的生命：許多植物都具有巨大、生命力強、不易枯萎的優點，這種綠蔭遮天的高大樹木，本身就是最佳的守護象徵，民間又喜將這些壽命達數百年甚至數千年的巨樹，神話為樹王公，一來做為孩子的守護神，同時也成了求壽的對象。

三、企求豐沛生動的活力：一年四季的變化，令許多植物滋長，開花、結果以至落葉、枯萎，但也有許多四季常綠的植物，或者在酷寒中開花、結果的樹木，這些特別強的生命力，都成了人們崇祀的目標，並藉以企求生命中源源不絕的豐沛活力。

四、寓意吉祥和富貴：植物中，有些因名字、形狀、象徵或用途具有特殊的寓意，而成為人們喜愛甚至追求的目標，諸如牡丹象徵富貴，石榴寓意多子，柳枝、榕葉用以驅魔，菖蒲、艾草可以辟邪……，都是植物應用在民間信仰中，相當普遍易見的例子。

了解植物崇拜的重要因素之後，很明顯地可以看出前三項都跟生命禮俗有密切或者間接的關係，且完整地包括了人的生、老、病、死四大階段，不同的植物所代表的不同象徵，正好滿足了人們不同的信仰需求。

我們先來看看有關生的祈求：民間對於祈生，大體分成兩個方向，一是無子時求子嗣，二是有子祈好育飼。傳統社會中，每一個家庭都必須負起傳宗接代的責任，因此人們不僅祈求有個孩子而已，更要求是個男孩，為了達成希望，巫覡法術中有探花樹之舉。俗傳每一位婦女，在陰間都是棵花樹，種在六角亭的花園中，如果花樹缺乏照顧，或者生病長蟲，都會讓花不易授粉而不能生育，必須請法師落地府探花樹，找出病因，有蟲抓蟲，缺水澆水，並商請花童仔特別照顧，讓花樹得到良好的養份，才可能結出好果實。

傳宗接代的觀念，壓迫著舊社會的人們重男輕女，因而從結婚開始，便有許多為生男孩而做的祈求。婚俗中，女方嫁妝中必有兩盆植物，「一植蓮蕉，一植石榴，以銀製榴實四顆，桂花數朵，繫紅絲纏繞枝頭，謂之連招貴子。」（連雅堂《台灣通史》），福佬話音近男性生殖器而成為生男象徵的蓮蕉花，也稱蓮招花，更是連生女嬰的婦人崇拜的對象。舊時有栽花換斗的法術，乃是用蓮蕉替換掉其他花樹，祈能順利生男。至於栽花換斗的法術，可分為栽花和換斗兩大類：栽花的方法有二，「其中一種是請尪姨，或失明賣卜者，到孕婦的房內，把一盆蓮招花帶進房內，在床前祈禱，貼符和燒金紙、銀紙，最後將蓮招花種在屋後，每天澆水，不使它枯萎，這樣胎兒就會變男的。第二種方法是帶一盆芙蓉花到廟裏祈禱，準備牲醴香燭，祈禱的人在神前讀經，婦人在旁燒香、燒金紙並且行三跪九拜之禮，祈求變胎，回家後繼續祈禱三天，然後把芙蓉花種在庭前，孕婦就可達到變胎的心願了。」（王灝、梁坤明《台灣人的生命之禮——成長的喜悅》）；至於換斗，也稱換肚，婦人若連生女孩，往往娘家最為緊張，生怕遭致婆家不滿，必須趕緊替女兒換肚，「娘家的父母在生育後十天內，煮好『豬肚』給孕婦吃，這樣下一次就可以生男孩，台北市萬華地區早期的生育習俗，有關換肚，是將豬肚儘量多裝糯米，然後放入新茶砧，再以紅線，兩端各通一厘銅錢六枚，其前端結上鈴子，掛在茶砧口，也有用龍眼代替一厘銅錢的，然後由外家送到女兒家，放在女兒床中央，拜完床母，然後辭去，出嫁的女兒吃完豬肚後，將空茶砧，放在床下保存，等到日後將近生產時，將它作為慶祝誕生的帽子鬢，據說吃了豬肚就能把產腹換掉，而能生出男孩來了。」（同前引）。

除了換女生男的巫術，歲時節俗以至於神誕慶典中，也有一些和生男育女有關的求花之俗。前述曾提及，婦女乃為花樹，生男育女正是開花結果，民間又以白花代表男孩，紅花代表女孩。元宵時節，婦女們除了鑽過花燈下，以祈生男孩之外，更有向神求花之俗，祈求的方式大多以擲筊行之，神明若允賜予白花，表示將賜男孩，若賜紅花，表示將生女孩。相傳嘉義朴子配天宮的燈花會，甚至還跟清皇室扯上一段關係：「本宮每年依例農曆正月一日起二個月間盛結燈花慶祝元宵之歷史，得溯自嘉慶十八年水師提督王得祿奉召偕同兄嫂許氏遠赴京城觀賞宮內元宵燈花。因時嘉慶鑑於王提督兄嫂年邁，不便遠行，特准提督府每逢元宵佳節亦可舉辦與皇宮相似之燈花盛典。時過多年許氏深恐皇恩浩大，恩賜燈花若不能代代相繼有違皇恩，遂自提督府移至『配天宮』舉行藉以慶祝媽祖聖壽，擴大觀賞，本宮得此榮殊至感皇恩浩蕩，得以蓋冠全省各神廟，實為本宮至寶，往後祈福賜子，若逢聖恩准示，求得白花賜男，求得紅花者，得賜女孩，流傳至今延綿不斷。」（〈朴子配天宮沿革〉）。

無論是白花或者紅花，每一朵花都有元神，必須請花公、花婆以及花童仔來照顧。配祀於註生娘娘殿或臨水夫人廟的花公、花婆和花童仔，雖然地位不高，卻是花朵最忠實的守護神，不只澆水施肥，更可改栽與除蟲，讓花成長得更好，因而每逢註生娘娘或者臨水夫人的祭典，許多求子或剛獲嬰兒的父母，大多會特別隆重地祭祀花公和花婆。

又求又盼的，好不容易終於喜獲麟兒，但這並不保證孩子就能平平安安長大，尤其是有些體質較弱的孩子，經常三日驚風五日受寒，又出痲仔又出水痘，夜半病起無處求醫，弄得父母心驚膽跳，不知所措……，面對這種歹育飼（養育）的孩子，傳統社會中的人們，大多只能求助民間信仰與巫醫，像是收驚、解厄以及拜契……等。收驚和解厄，乃是遇到問題之後，臨時性的求神庇祐或請法師祭解的行為；拜契則是和神訂定長期的契約關係，從小就將歹育飼的孩子送給神當契子。這種民間常見的拜契行為，除了表示人們在茫然無助的情況下，對神明全然的信賴，相對的，也某種程度將養兒育女的責任，交和神明共同負責。人們大多認為神明對於自己的契子，必然會盡全力保護，父母較可放心，若不幸孩子仍然意外夭亡，也可以把第一責任推給神明，認為連神都無能保佑，人又有什麼辦法？父母在責任的分擔上以及內心的自我譴責，都可以較輕一些。

孩子需不需要拜契，大體有兩大因素：一是前述的體弱多病，醫不勝醫；二則巫覡術士或者神明指示孩子命中有些什麼「缺陷」，必須拜契以脫厄運。傳統社會將結婚視為孩子與成人的分野，因此尚未結婚者都可以拜契。拜契的時機大多在神明生日，若是男孩拜契，還要立下契書，並行拜契禮以示隆重，結婚時拜天公，再將契書燒化，表示脫離契父契子關係；女孩子拜契則較簡陋，甚至連契書都沒有。契書也稱「立誼（義）書」，黃文博撰《台灣風土傳奇》抄錄一份契書內容如下：

立誼（義）書

立誼（義）書字人，北門郡北門鄉井子腳（沿舊稱）黃豐源有親生次男，名喚文鴻，民國五十年九月十六日卯時健生。因幼運未通，故夫妻相議，欲將此童拜契神光以祈庇祐，于是，托中引就與三府千歲為誼（義）子，惟望神光普照，暗中扶持，時常庇護，永消（「遠」字之誤）消劫，以受長生之福。即日敬備三牲酒禮，花金菓品，略答神恩，他日此童完婚，再備剛鬚柔毛大金等物，報答鴻恩。恐口無憑，故立誼（義）書一枚為據。

天運辛丑年（民國五十年）九月十六日

知見人（拜契神）：三府千歲

為中人（見證神）：池府千歲

代書人（代書神）：觀音佛祖

說明：

①契書為紅綢布，黑字，約一尺半見方。

②契書在左上角，有立契者的手印和腳模，墨跡。

③立契時間有誤，據家母告知，應為民國五十一年（壬寅年）九月十五日（吳王誕辰），契書所載為書寫者之誤。

④為「中人」和代書人皆係角頭私佛。

傳統拜契的對象，可分為人和神兩種，但大多以神為主。拜（認）其他人為契父母，往往是因為所謂命中註定為養子女命，必須另認人為父母，才能改運；或者命硬孤妨剋父母，必須另認八字相合之人為父母，生父母才不致被剋身亡。拜神為契父母，則不限任何理由，只要擲筊獲允，神明也就照單全收。

什麼樣的神，才可以為契父或契母，則沒有嚴格的限制。一般除玉皇大帝外，其他諸神都有人拜契，主要視信仰的方便而定，但民間最喜歡的拜契對象，以動物神和植物神為主。動物神乃藉其兇猛，以驅走纏身的惡疾，虎爺和狗神（義犬公）為其中之代表，但較受限在奉有這些神祇的特定地區；植物神則處處可見，甚至可謂是「專業」的契父神。

一般廣受人們拜契的植物神，大多為代表強大生命力的樹王公。依樹種的不同，台地的樹王公大體包括：松王公、神榕公、茄苳王、檨仔公、綜合樹王公以及其他樹王公等類。

松和柏古為長壽的表徵，寺廟或家宅中許多裝飾物都取之為材，樹王公中也有松王公一類，日人鈴木清一郎撰《台灣舊慣冠婚葬祭與年中行事》，四月初六日條下記述有嘉義東石慶福宮供奉松王爺的故事；此外，在嘉義民雄的秀林村，也奉有一棵「萬年大松神」；嘉義市的南門圓環內，更有出「明牌」奇準的松仔公……。這些「松王公」，其實全都是大榕樹，民間將大榕樹稱為「松」，主要是因福佬話榕和松音非常相近，松又為長壽象徵，而平地並不多見，百年以上的大松樹更為稀少，許多地方也就得將錯就錯，把大榕樹稱作「松王公」了。

儘管有一部份大榕樹被誤為松王公，然而，神榕公仍是台地數量最多，處處可見的樹王公，從北到南，從高山到離島，從都市到鄉村，每個縣市都有許多神榕公存在。澎湖通樑的大神榕，台南安平的十二佃神榕，南投草屯龍德廟前的巨榕，高雄市籬仔內千秋府的大樹公，基隆六堵的樹伯樹婆，台南市民族路萬福庵前的「靈猴樹」……，為其中較著名的例子，其他的多得無法細述。

茄苳王因拜茄苳樹巨大高挺、繁殖力強、長青長壽而成樹王公。台地的茄苳王從南到北處處可見：屏東里港茄苳村，新園鄉烏龍村，南州鄉至崁頂鄉道旁，高雄林園鄉清水巖，台南縣西港鄉保安宮，南投縣名間鄉濁水村，南投埔里同聲里，台中市西區均安宮，台中烏日鄉溪壩村，台北市南港區善南宮……都擁有相當著名的茄苳王。台南縣西港鄉著名的保安宮，更是一座奉茄苳王為主神的人瑞廟，一九九〇年，甚至還舉行過一科規模龐大的五朝祈安清醮，顯見人們敬奉的對象，已不只是一棵大樹，而是擁有獨立神格的神祇。

檨仔公雖然不普遍，但在宜蘭、嘉義、台南等地都有奉祀，其中最著名的乃為嘉義民雄菁埔村西安府的檨仔王。綜合樹王公乃指多種樹併生而成的樹王公，台中縣大里鄉樹王村的涼傘樹王公為典型，這顆約有四、五百年歷史的老樹，樹圍粗七公尺餘，由茄苳、榕樹、朴樹、大抱樹、烏榕、梗桃等六種樹交錯盤根而生。其他種類的樹王公，則有雨蘭松公（台南縣山上鄉南洲村開靈宮）、刺桐王（屏東縣高樹鄉泰山公廨）、烏榕王（南投縣草屯鎮中原里）、九芎王（台北縣蘆洲鄉九芎路）……等。

種類繁多的樹王公，成神的緣由也各不相同，不過大致說來，除近年因大家樂賭風而興起的樹王公之外，其餘大多數成神有年，善信廣佈的各種樹神，本就是孩子們最好的守護神。小孩若突然不舒服或受到驚嚇，可以直接向樹王公祈求庇佑。祈求的方法有許多種，有的摘一片樹葉，給孩子帶在身上便成；或者摘一些枝葉燒水洗澡；有的甚至只要摸摸樹幹就可以了；有的要拿一件衣服來放在樹頭，再挑一件別人放的衣服給孩子穿上，便能袪病除驚。最特殊的是台南市民族路的萬福庵，向以供奉猴王著稱，廟前有一顆神榕，因全身長滿一個個狀似猴子的樹榴，而稱作靈猴樹，相傳孩子若因「著猴」而營養不良，骨瘦如材，只要來拜一拜這棵長相奇特的樹王，再向大聖王祈福，俗謂小孩便可食慾漸開而慢慢豐腴起來。

除了一般性的祈求，拜契更是重要且普遍的祭祀行為。以西港樹王公為例，由於「威靈顯赫，遐邇聞名，慕名前來受認養為『契子』（義子）的已有近二十萬人，每年神明聖誕時，這些分散全省（台灣）各地的義子都要返廟參拜，十分熱鬧。」（一九九〇年五月七日《台灣時報》）。另外南投縣名間鄉濁水村的茄苳王，屏東里港茄苳村的茄苳王，台中縣烏日溪壩村的茄苳王以及台中市後龍里的茄苳公，台北縣蘆洲鄉的九芎王……也都分別擁有數千以至數萬的契子，足見拜契風氣的盛行。

拜樹王公為契父母，各地的方式並不盡相同。簡者僅私自準備牲醴，向樹王公擲筊說明拜契心意，獲得應允後乃磕頭並稱呼契父後便成，這種沒辦「手續」的拜契，由於無法統計人數，一般廟方都不計入正式的契子之列。廟方要實際掌握所有的契子，就必須要求每個人規規矩矩地寫下「立誼書」或者「誼（義）子契證」。

孩子一旦透過寫名、請神、立契、貫絭、叩首……等程序，拜某樹王公為契父母之後，立誼書或契證要帶回家，和自己的生辰資料一併收藏好，此後每年樹王公壽誕之期（通常是八月十五日中秋佳節，西港樹王公則在十月十五日），需準備三牲祭品、月餅等物前來祭拜契父母，同時也要在神前換新的絭，換的方法有整付換新，也有僅換貫穿銅錢的紅線，或者僅摘一片葉子，穿過銅錢中的方孔便成。

舊時的習俗，契子女們必須在十六歲時，脫絭還給契父母，表示長大成人，現代人由於忙碌或成長的過程中中斷祭祀，許多人無法在十六歲那年脫絭，則改在結婚之際一併脫絭。一般都在結婚拜天公之祭脫下身上帶的絭，自此契父與契子的關係轉為淡薄，表示自此「脫離父子關係」，往後的事業和前途，也只有自求多福了。

樹王公除了廣泛地扮演著契父母的角色，有些也兼營其他「業務」。如台中縣烏日溪壩村的茄苳王，特別喜歡保佑有情人終成眷屬，好眷屬白頭偕老；嘉義縣義竹鄉芋子寮村的七星榕，則佑全村平安；台南縣山上鄉南洲村的雨蘭松王，兼管神醫業務，特別喜歡保佑上了年紀的人，俗信豆莢熬湯可治中老年人之腰酸背痛；台北縣蘆洲鄉的九芎王，樹葉可治病祛毒；著名的阿里山神木，更是人們求壽的象徵，「所代表的是『壽』與『子』，是民間『財子壽』三大願望中的二項。」（阮昌銳《莊嚴的世界》）。

自然崇拜與生命禮俗

過去許多先輩的研究者，將自然崇拜的範圍，包括了天、地、日月、星辰、雷、電、風、雨、山神、水神、火神、以及所有的植物崇拜。但在台灣，植物崇拜勃興的現象，實可脫離自然崇拜，自成一獨立的植物崇拜系統，本文所指之自然崇拜，也就是扣除植物崇拜之外的其他自然萬物。

自然崇拜中，和生命禮俗關係最密切的，以水和石頭最具代表性。自古以來，人們對水的崇祀，包括河神、井神、雨神和水神……等，其中以水神的崇拜最受重視，包括水德星君、水利星君、水伯、水神等類型。水德星君和水利星君神格較高，大多設置在公共的河川或水圳邊，以庇佑水源豐沛、萬物向榮；水伯和水神，則是村庄或私人奉祀以祈灌溉之利為多，在許多水圳、田頭都可見到。除了灌溉之外，水當然也供人們飲用和洗滌……等種種方便，這一切都和維持人的生命關係密切，因而廣義說來，水神以至於河神、井神，都可屬廣義生命禮俗的一環。若以較嚴密的態度分析，水和生命禮俗的關係，最重要的乃在於初生的洗身以及死後的淨體。

台灣的住民中，原住民高山族和平埔族，普遍都有浴溪的習俗，「番俗初產，母攜所育兒女同浴於溪，不怖風寒，蓋番性素與水習。秋潦驟降，溪壑盈漲，徑度如馳。有疾，亦取水灌頂傾瀉而下，以汗發為度；未發再灌，發透則病癒。」（六十七《番社采風圖考》），這項習俗的緣由，傳和漢人有關，「明太監王三保出使西洋，到赤嵌汲水，投御藥於澗水中。至今番俗生兒即入水洗，謂有仙氣。」（同前引），顯見原住民們將初生兒投入溪中沐浴，不只為了治病，更是初生習俗中重要的一項。

漢人對初生嬰兒的洗浴之俗，過去都於三朝，也就是出生後第三天，初生之後至第三天間，大多用麻油擦拭身體，洗完後，再穿上衣服，這就叫三朝之禮，再用父親的舊衣服包裹住身體，若如保護在另一種胎衣中，直到第三天再將產婆請來，「為嬰兒洗身換新衣，洗身要用婚嫁時帶來的腰桶洗，同時要將桂花心、柑葉、龍眼等，及小石頭一個，一起放入水中煮沸，等水變成溫了，洗拭嬰兒身體，之所以要使用柑葉、龍眼等，就是希望子孫滿堂，代代繁榮，而使用小石頭及十二文小錢，小石就是取意頭殼堅，以喻其身體健壯，小錢則取意財氣，都是乞求吉祥之意。」（王灝、梁坤明《台灣人的生命之禮——成長的喜悅》）。

相對於洗浴洗身的觀念，水也在人的最後階

段扮演重要的角色，台灣人於老人將斷氣（或斷氣之後）的時候，都會特別準備洗澡水，替他沐浴更衣，稱為淨體。這個行為雖無特別的儀式，卻被認為是入棺之前必行的程序，主要的用意是讓人恢復淨潔之體，重回天地。宜蘭地區的喪葬之俗，洗淨身體的水，必須到附近的河的上游瓢取，以示隆重聖潔，這點更可說明水在生命禮俗中特殊而重要的角色。

石頭的崇拜，自古有之，台灣的石神信仰，更是處處可見，在許多鄉間，石頭公常是另外一種形式的土地公，和人們的關係相當密切。石神的起源，大體上可分為巨石崇拜、特殊石崇拜、石形神崇拜……等項。巨石的崇拜，來自於對巨大且堅硬石頭的景仰。台灣的原住民族中，有許多源起的神話和巨石有關，泰雅族的祖先發祥神話是這樣說的：「最初，我們阿泰雅，打破石頭來到這個世界，事實上就是有個大岩石的存在。是的，沒有錯，大岩石忽然裂開成為兩片，竟有兩個男人和一個女人，從裂縫處跳出來……」（陳千武《台灣原住民的母語傳說》）；魯凱族的傳說中，更有著名的萬山神石傳奇，描述一對原本恩愛的夫妻，卻因妻子喜歡吃百步蛇，觸犯了族人的禁忌，被逐出部落之後，仍然癡心地等待丈夫前來與她會合，最後她絕望了，決定回到原部落，卻在沿途的大石頭上刻繪人頭和百步蛇，「因為她丈夫沒有來帶她回去；使她失望、傷心而憤怒，所以在這裡所畫的人頭和百步蛇，樣子很凶暴，小孩子路過時，都矇著眼睛急奔而過，不敢看一眼……」（洪國勝〈萬山神石的傳奇〉）。漢人的石頭崇拜中，也有許多以大石為對象，台北市木柵風動石公、嘉義縣番路鄉正德寺都屬這類的例子。

特殊石的崇拜，大體分為兩大類，一是石頭的形狀，質材特殊；二是一塊不起眼的石頭，卻因傳奇的神話，而成人們崇祀的石神。雲林縣古坑鄉慈善寺中所供奉的石頭公，造形特異，共有一百零八個之多，為著名的特殊石神廟；另外，嘉義往台計坑路旁的滑石公，則因石滑而成神，這些都屬特殊的石神崇拜。台北縣淡水三芝間淡金公路二號橋旁的豬哥石，成神的過程有一段頗為傳奇的故事：相傳數百年前，此地樹林參天，林中有一隻野山豬，修鍊成精後經常為害村人，致使人人害怕萬分卻又束手無措，有一天，天公得到人們的訴願，乃命雷公將牠擊斃，豬哥精死後竟成一塊石頭，遂成附近居民崇拜的豬哥石。這個由神話而繁衍出的石神崇拜，自可視為特殊石崇拜的另一種典型。

石形神乃指造形像某種神祇的石頭，這類的石神崇拜，在台地相當普遍，桃園縣觀音鄉的石觀音、雲林縣林內鄉九芎國小旁的石頭公、台南縣六甲鄉的赤山菩薩……都是石頭造形似神或人，而被人們供奉，不過這些自然成形的神像，雖為石神崇拜的一環，神格卻高出石頭崇拜許多，而比較接近所酷似神祇之神格。

大體而言，純粹的石頭崇拜，不脫生殖、護童、求財以及其他旁門左道的功能。石頭自古為生殖的象徵，主因「大石頭總會裂出許多小石頭，小石頭又會衍生更小的石粒，石頭象徵了地母張盛的繁殖力和生命力，只要有了石頭，人類就會像地母一樣，綿延不斷地衍生後代子孫。」（謝邦俊〈頑石點頭示迷津〉）。此外，台灣的原住民族中，也有生殖器崇拜的舊俗，所崇拜之物大多是用石頭刻成，狀似男女生殖器官。此俗在漢人社會也可見到，南投縣草屯鎮草溪路的石榕公廟，供奉的赫然就是一塊狀似男人大陽具般的天然石塊，幾百年來，一直深受已婚婦女們的崇祀，相傳久婚不育的婦女，只要到廟中摸一摸石陽具，大多可如願受精懷孕，由於靈驗異常，生了孩子的婦人，都會準備麻油雞前來答謝，致使廟中經年麻油飄香。

石頭更因質地堅硬，而成為兒童成長過程中的許多象徵，台灣中部地區，慣於孩子初生之時用石頭做膽，「所謂的做膽，就是指三朝之日洗浴時放進石頭而言，放石子就是希望這個孩子以後能膽大如石之意，而石頭要選較圓的，這樣性情才會圓滿和變通，不會呆板……」（王灝、梁坤明《台灣人的生命之禮——成長的喜悅》）。至於取卵石磨擦孩子的頭，以祈頭殼硬如石頭，比較好育飼的習俗，幾乎在各地的石頭公廟或和石頭有關的祭祀中都可見到，甚至連台南縣佳里鎮西拉雅族的北頭洋公廨中，都保有這種以硬喻硬的生命禮俗。

上述兩種象徵性的祈求之外，民間更以直接祭祀的方式，祈求石頭公保佑孩子健康平安長大，隨手抄幾則坊間報導與剪報，相信不難看出石頭公與初生嬰孩的密切關係：「南投茄苳腳的石頭公廟……大家相信石頭公對於保佑小兒很靈驗，因此，來此祈求子女疾病早日痊癒的人很多，一年之中香火不絕，每年正月十九日且舉行例祭。宜蘭冬山的石聖公廟……許多婦女生產都來拜祈平安，子女身體瘦弱或生病時亦來祈求，尤其是對小兒夜哭、尿床、安產據說都很靈驗，所以信徒遍佈北台灣，每年七月初七為其例祭日。……台中縣神岡的振興祠……孕婦拜了石頭公，會使胎兒『頭殼堅』。」（阮昌銳〈台灣的石頭崇拜〉），「不知道從什麼時候開始，林仔人開始產生膜拜山豬精遺骸化成的豬哥石，以保佑小孩平安成長的習俗，或許這座狀若頭殼、堅硬異常的安山岩，恰好符合農婦『小孩頭殼趕快變硬』的盼望吧！於是時間一久，林仔人不但拜豬哥石，而且甚至還衍生出，讓豬哥石收小孩為契子的特異風俗了。」（李嘉鑫〈拜石頭乾爹〉），「由於石頭有此靈異的顯示，立廟之後，膜拜許願的人也就日漸多。尤其家有多病的孩子時，只要拜為『石頭公』的義子，立即恢復康活潑。久而久之，『石頭公』形同彰化市嬰兒的守護神。」（何深溪〈彰化「石頭公」神威顯赫，嬰兒的守護神傳可通靈〉）……。拜石頭為拜父的習俗之餘，北部的客家人更將石頭神化為女性，稱為石母娘娘或石哀（客家話稱母親之意）娘娘，以象徵更堅實、寬厚、溫暖的母體，保佑孩子們平安順利成長，更深一層地貼近人和石頭之間的關係。

水和石頭之外，其餘的自然崇拜中，和生命禮俗關係較密切的還有日月和星辰崇拜……等。日為太陽，在台地的奉祀並不普遍，因其散發光和熱，為光明最具體的表徵，人們祈之，主要是為了前途光明、考試順利以至於事業發達。月亮自古被譽為最美之神，人們例於元宵、中秋等月圓之際，祭祀月亮以祈美貌。舊時的人們更要趁著月光，行偷俗之習：「俗以未字之女，偷取他人之葱菜為婚嫁吉兆。諺云：『偷敲葱，嫁好尪（夫）』『偷敲菜，嫁好婿』。或以婦人偷得餵豬盆而被人罵，為生男之兆。又以未配之男，偷得他家牆頭硓砧石為吉兆。諺云：『偷硓砧，得好某（婦）。』也有『拔竹籬』的偷俗，竹籬音同得兒，是夜求子的婦女偷拔人家竹籬的竹以為吉兆。」（吳瀛濤《台灣民俗》），正是典型因月亮崇拜而衍生出的習俗。另外，設案拜祈月亮也可保祐體弱的孩子早日恢復健康；更傳奇的則是照月光可得子的說法，片岡巖撰《台灣風俗誌》載：「婦女在八月十五夜，及一月十五夜照月光時，相信會早生貴子。所以這兩夜婦女們都到外面賞月。」。

至於星辰崇拜，和生命禮俗關係最密切的莫過於七星娘娘，民間俗稱為七娘媽，也有人認為七星娘娘便是織女星，都為保護兒童的星辰，孩子出生後，若向七娘媽許願，並求得「絭牌」掛在胸前，謂可保佑順利長大成人；十六歲時，需準備豐盛的祭品以及鳥母衣、四菓、菜粿以及七娘媽亭等，到供奉七娘媽的廟宇，祭拜過七娘媽後，少男或少女都要環繞七娘媽亭走三圈，並在父母或長輩手持的七娘媽亭下鑽過，少男謂「出鳥母宮」，少女表示「出婆媽」，再將七娘媽亭投入火中，表示奉獻給七娘媽。

鑽過七娘媽亭之後，還得自七娘媽的供桌下匐匍鑽行三圈，民間謂鑽過供桌，再爬起來時，便表示已成年，馬上將出人頭地之意。

如果沒有滿十六歲小孩的家庭，於這一天傍晚也會準備七樣祭品，於門前祭拜七星娘娘。舊時有些人家，還特別用滿地藤、艾草、開脾草、菜瓜鬚、香圓葉、四君子及石榴心等物，浸水切絲再碾成細粉，加上黑糖蒸成糕，名叫「七巧粿」，用以祭拜牛郎、織女，以祈姻緣美滿，完後全家一起食用，既可佑平安，又可「呷福氣」。

敬畏天地依靠自然

台灣特殊的環境與風土，使得民間信仰呈現出最大的自由度與發展空間，祭祀的對象不僅多而複雜，近幾十年來，在功利化社會的主導下，加上人心虛華不實的推波助瀾，甚至已達泛濫而粗糙的境地！許多有志之士憂心如此粗劣文化的蔓延，卻一直尋不出具體的辦法徹底解決這些問題，究其原因，恐怕跟人們永無止境求財、求利、求感官刺激……的慾望有最大的關係。

民間信仰中有關生命的祈求，雖然不同於走偏門的求財、求利，然而大部份祭祀的對象，神格都甚低，信仰的本質上，又加諸了太多的神話及傳說……，這些東西，以現代的眼光看來，自然被視為迷信的一類，甚少人肯予以正視。

傳統社會中，受限於資訊的不發達，人民知識的侷限以及醫療的落後……，當大多數人以多子多孫、長命百歲為生命中首要的追求目標時，卻總有太多不能如願之事，又缺乏足夠的知識，無法瞭解諸多不順遂情事的來龍去脈，更不要說用科學的方法來看待人生中的生老病死……，再加上醫療不足與缺乏就醫的觀念，如此因果循環，人們祈求多子，幼兒卻經常夭亡；人們祈得姻緣，卻只能靠媒妁之言；人們期待長壽，最終仍不免一死……，如此種種不能如願之事，自然也只得轉向祈求任何可能給予人們庇佑之物，除了臨水夫人、註生娘娘等大神大道，無法如願之處，也就只得轉求其他可能的對象；自然崇拜中，許多對象因本身的質材、特徵……具有強壯、光明或者堅硬的特色，最易和人們的需求串聯在一起，也就理所當然的成為人們崇祀或膜拜的對象。

誠然，自然崇拜有濃厚的迷信成份，但換個角度來說，這何嘗又不是人們得以全然信仰的最主要因素，善男信女們若因此而得到最完整的精神依託，對穩定社會多少也扮演了應有的功能。

在現今這個文明進步的社會，人們非但沒有拋棄和生命禮俗有關的自然崇拜，最多只是因為社會形態的改變，自動淘汰了一些不合時宜的舊俗而已，這個事實證明了神奇的自然力量在民間信仰中扮演的重要地位，更因為人們虔敬地祭祀天地樹石，也許就像回歸大自然，依賴著天和地一般，唯有如此，才能讓他們感到真正的安祥、舒適與全然的信任吧！

關於作者

●參與「黨外」運動時期的劉還月。

劉還月，本名劉魏銘，一九五八年生，台灣新竹客家人，第十四屆吳三連獎報導文學獎項得主。曾任廣告公司企劃、《自立晚報》〈生活版〉主編、《三台雜誌》總編輯、現任臺原藝術文化基金會總幹事、臺原出版社總編輯、台灣常民文化田野工作室主持人、台北縣政府鄉土教材編纂指導教授，另兼多齣公共電視節目企劃或顧問工作。一九八四年起，專事台灣民俗田野調查。曾獲王育德紀念研究獎、教育部文藝獎、台灣之美攝影金牌獎、台北西區扶輪社職業成就獎、梁實秋散文獎及國內各媒體散文、報導文學獎等多項文學獎。

年輕時，熱愛藝文創作的劉還月，於一九八〇年替「黨外」助選以來，便回到本土的領域上，以闊氣經營生命，以殘酷面對自己，每一個生命過程都定下目標，並堅持完成自己。十餘年櫛風沐雨的田野工作，成績斐然，被譽為台灣常民文化的旗手！

在出版著作方面，重要成績包括：

一九八六年　台灣民俗誌
一九八七年　回首看台灣
一九八八年　旅愁三疊
一九八九年　台灣土地傳
一九八九年　台灣歲時小百科（上下兩卷）
一九九〇年　變遷中的台閩戲曲與文化（與林經甫合著）
一九九〇年　台灣的布袋戲
一九九〇年　台灣札記
一九九〇年　台灣生活日記（徐仁修合著）
一九九一年　台灣民俗田野手冊
一九九一年　台灣的歲節祭祀
一九九一年　瘖瘂鶴鳴
一九九二年　台灣傳奇人物誌
一九九三年　南瀛平埔誌
一九九四年　台灣民間信仰小百科（全書共五卷）

重要的個人研究計劃則有：

一九八四—一九八八年　台灣歲時小百科田野調查（長年性計劃）
一九八七年　三峽祖師廟慶成祈安清醮醮典田野記錄
一九八七年　桃園平鎮福明宮祈安清醮醮典田野記錄
一九八七—一九九二年　台灣民間信仰小百科田野調查（長年性計劃）
一九九〇年　基隆市政府委託「雞籠中元祭祭典科儀」田野研究報告案
一九九二—一九九七年　台灣生命禮俗小百科田野調查（長年性計劃）
一九九二年　台南縣文化中心委託「台南縣西拉雅族歷史與文化」田野調查案
一九九三年　屏東縣文化中心委託「屏東縣境平埔族羣」田野調查案

每一座高峯，都是用無數土石堆積起來的！

——《台灣民間信仰小百科》的特別謝誌

《台灣民間信仰小百科》的完成，雖然名譽歸我個人所有，然而，所走過的每一步，其實都有太多的朋友拉我一把，助我一臂之力，其中最多的是田野現場中的報導人，八年下來，累積了四、五百位之多，長期承受各界朋友們的大愛，卻無法一一詳列他們的名字，僅能在此表示我最深厚的謝意。

一九八七年起，沒有第二句話便全盤接受《台灣歲時小百科》的《民眾日報》副刊，也同樣接納了《台灣民間信仰小百科》，一直到出書之際，這個專欄仍存在於報紙版面上，這麼多年了，《民眾日報》副刊先改稱文化版，今稱鄉土版，最初的主編吳錦發先生也高昇言論部，換由張詠雪小姐主編，但這些滄海桑田，並沒有改變他們對我的支持，在這裡，我要特別謝謝兩位主編：

吳錦發先生

張詠雪小姐

此外，《自立晚報》的林文義先生，《台灣時報》的王家祥先生，對這些小稿的支持，也值得記一筆。

百年難得換來的好友黃文博，這麼多年來，

不只提供了我一切的方便，更毫無怨言地替大部份的文稿做最辛苦的校訂工作，他的學識與見聞令我贊佩，但有些由於個人觀點的差異以及後來補寫的部份，未及請他過目，若有錯誤，責任完全在我，在此，我必須再一次寫下他的名字，以示最真摯的謝意：

黃文博先生

踏入常民文化研究的領域以來，一直受到許多師長及朋友的教誨，事實上，他們的研究成果，更是我學習模仿的對象，而今，趁著出書之際，特別請他們寫此評論的文字，一方面能給我一些參考，同時也做為紀念，在此，我必須慎重向他們致謝：

劉枝萬教授

李　喬先生

阮昌銳教授

董芳苑教授

黃文博先生（按年齡順序）

最後，還是要謝謝您！

謝謝您喜歡這套作品，謝謝您疼惜台灣、疼惜我們所擁有的一切！

〔節慶卷〕分卷說明

一、本書所涵蓋的範圍，以台灣和澎湖羣島為主，觸及的族羣，則以福佬、客家為主體的漢人；原住民部份，僅錄平埔族部份，餘因無力研究，全部放棄不錄，特此向原住民朋友致歉，期望有人可全力進行原住民風土民俗的研究。

二、本書所探討的問題與介紹的現象，乃指一九九〇前後三年為準，然則民間信仰最易受到外力影響而改變，加上南北各地本就有許多歧異，因而若發現實況和書中記錄的不同，當以現實的狀況為準。

三、台灣的民間信仰，本就具有自由發展與多元創造的特色，同一個祭典，南北各地可能就有天壤之別，再者各地也常有特殊的信仰行為，因而台灣民間信仰的項類何止千萬條，但受限於本人研究功夫未逮，僅能記錄這套書所有的內容，唯恐遭不明究裡的人士誤以此為民間信仰的全部，在此特別鄭重聲明：

書中所列僅為個人所知的範圍，並不能涵括所有的台灣民間信仰。

四、〔節慶卷〕所收錄的，包含平埔族文化與漢人的歲時節俗以及祭祀禮儀三個部份，嚴格說來，平埔族文化實不能歸納為台灣的民間信仰，然而這個來自南島系，和漢族羣為不同血緣、文化、語言的族羣，但在台灣開拓的過程中，幾乎完全被漢文化同化，僅保有少數的文化形式，事實上，台灣的漢人和平埔族羣已不能分捨，過去我們卻總是在無知不識、有意無意間將之遺漏，致使今天這些民族的歷史與文化成了一片空白。本人在進行本案的田野工作時，同時也在進行好幾個平埔族的調查案，對這些民族的認識愈多，愈認為不能將他們單獨遺漏，乃決定收錄於本計劃中，最初為避免因歸類不妥而產生的問題，可能會引起一些「學者」的質疑，考慮用附錄的方式處理。但愈想愈不妥，平埔族原為台灣的主人；怎麼可以成為漢文化的「附錄」？最後終於決定不顧一切列入〔節慶卷〕的第一輯，至少可以解釋為廣義的常民文化，如果還有蛋頭學者無法接受，我也只有笑罵由人了。

有關歲時節俗的部份，主要介紹特殊節俗中常可見到的器物，諸如像春聯、五福紙、頂桌、下桌、墓粿、香湯、米糕、七味碗、家普、廟普、前後桌、風箏、冬節圓、南北貨……等，這也是《台灣歲時小百科》所無法包括的部份，兩書合用，更能全面窺知台灣歲時節俗的狀況。至於七月普渡中有許多儀式與祭品，如豎燈篙、肉山、五色山……等，在建醮法會中也可見到，因而這部份的內容，都收錄於〔醮事卷〕，有興趣的朋友可比對參考。和掃墓有關的墓地、墓碑等各部設施，收錄於〔靈媒卷〕中，請朋友們多留意。

祭祀禮儀中以民間私自性的祭祀為主，換句話說，也就是不由道法術士主持的祭典，則收於此卷，有關道法術士的醮儀法會，則完全收錄於〔醮事卷〕。

五、本書所引用之書目，全部直接標示於內文中，且參考引用之書目甚多，佔用篇幅過鉅，為節約篇幅，全部省略不列，特此說明。

台灣民間信仰小百科〔節慶卷〕

劉還月／著

輯一　平埔族文化

輯二　歲時慶典

目錄

輯三　祭祀禮儀

索引／②

1／平埔族文化

平埔族

台灣原住民之一的平埔族，屬南島系民族，可能在五千年前至二千五百年前間移民至台灣，由於居住的地點都在平野各處而得名。

台灣的平埔族羣，實包括多種民族，人類學家先說有七種，後有九種，九〇年代初，又有人提出七種分類之說，若依李亦園教授的分類，台灣的平埔族可分為：居住在基隆、淡水一帶的凱達加蘭族（Ketagalan）、居住在台北盆地及桃園一帶的雷朗族（Luilang）、居住在蘭陽平原的噶瑪蘭族（Kavalan）、分布於新竹、苗栗一帶的道卡斯族（Taokas）、分佈於台中、豐原、石岡的巴宰海族（Pazeh）、分佈在台中海岸大肚、清水等地的巴布拉族（Papura）、分佈在大肚溪以南、濁水溪以北的貓霧捒族（Babuza）、分佈在彰化、雲林及嘉義地區的和安雅族（Hoanya）以及台南地區以南的西拉雅族（Siraya）。

漢人移民來台後，跟平埔族人有最密切的接觸，弱勢的平埔文化迅速被漢文化同化、侵蝕，加上兩族通婚的關係，平埔族人融入漢人系統中，致使許多平埔後裔竟不知自己民族的歷史與文化，這不僅是時代的錯誤，更是歷史的悲哀。

●現居埔里的巴宰海族人。

▼花蓮地區噶瑪蘭族人居住的房舍。

◀台南地區融合西拉雅信仰與漢人有應公崇祀的小祠。

傳統舊俗

曾經是台灣的主人，在二、三百年前的歷史舞台上，扮演過重要角色的平埔族人，雖在強勢而持續的漢文化侵蝕下，血脈被稀釋了，文化被扭曲、誤解以至於鄙視、遺棄……，然而，不管平埔族人遭受到什麼樣的運命，他們存在過的事實，誰都不能抹滅，他們滅亡的歷史，誰都不能否認，更重要的是，「有番仔媽、無番仔祖」或者「有唐山公，沒唐山媽」的史實，讓多數早期移民的漢人家族，永遠不能也不可和平埔族人劃清關係。

是的，平埔族人不只血脈和漢人匯流一起，平埔族的文化仍有許多保留在漢人的生活中，除了大家熟悉的牽手、艋舺，還有過火、檻藍、葫蘆瓜、颱風草……等，過去由於我們的「不知不識」，總把這些當作是漢人原有的文化，仔細探究，才會發現其源竟出自平埔族原始的生活中。

在這個單元裡，我以文獻比對的方式，整理出近七十則平埔族人的傳說舊俗與生活原貌，由於資料缺乏，加上大多記載不清，不要說那個族羣或那個社的習俗無法清楚分出，甚至是「生番」或「熟番」之俗都混淆不清，我只能儘量以平埔族的田野經驗中，試著列出以下的條項，僅能算是通則而已，根本無能準確地分辨出各族羣之別，再者，錯誤之處恐將難免，還請不吝賜正。

●十九世紀揹小孩的平埔族婦女。

形貌

屬於南島系民族的平埔族人，自有一套妝扮自己的方法，一來顯示這個民族與眾不同的特質，再者也忠實地反應他們的生活形態。

清代的誌書中，出現許多描繪平埔族人形貌的紀錄，「岸里、掃捒、烏牛難、阿里史、樸仔籬番女，繞唇胳皆刺之；點細細黛起，若塑像羅漢髭頭，共相稱美……」，「男女各貫兩耳，以細硝子穿綴為珥。東西螺、大武羣等社，男女好貫大耳，初納羽管、嗣納筆管，漸可容象子；珥以大木環，或海螺、蠣粉飾之，乃有至斷缺者。女有夫，斷其旁二齒，以別處子。」（周鍾瑄《諸羅縣志》），「淡南剪髮至額，戴竹節帽……，淡北番婦無妝飾，以烏布五尺蒙之曰『老鍋』。頂上掛瑪瑙珠、螺錢、草珠曰『真好寶』。耳鑽八、九孔帶漢人耳環。」（陳培桂《淡水廳志》）。

如今，平埔族人的削髮、文身之俗已不復見，然而相傳至今，他們一直保有顴骨突出，雙眼圓黑，眼眶深陷的特徵，遠遠望去，便可感覺到與眾不同。

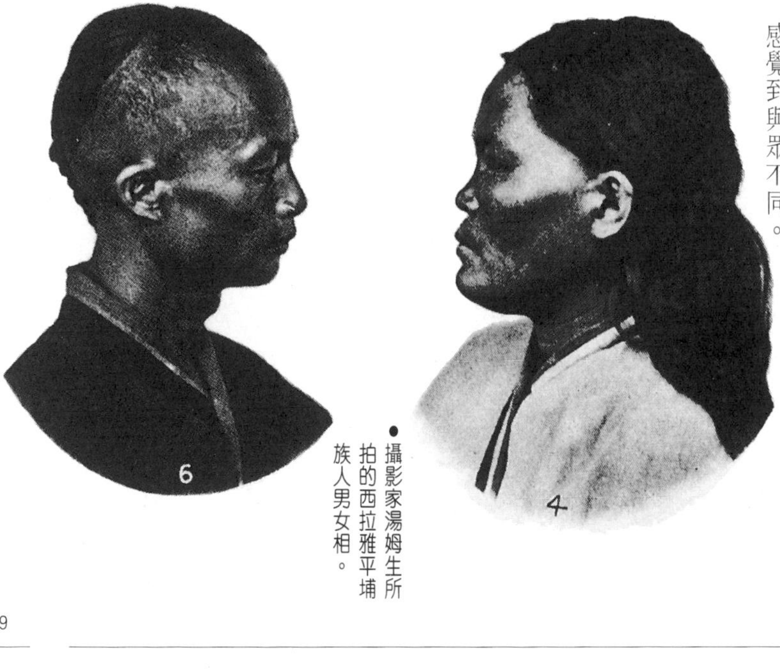

●攝影家湯姆生所拍的西拉雅平埔族人男女相。

▲《清職貢圖選》所刊的平埔族人圖像，依右至左：竹北道卡斯族人男女相；諸羅社和安雅族人男女相（上圖）。

▼日治時代拍攝的噶瑪蘭人圖像，已相當漢化（下圖）。

社會制度

母系或雙系社會的平埔族人，某些族羣的男人雖然對某些事務有決定權或處理權，但大體而言，並無財產以及家庭的繼承權，因而平埔族的家庭制度，完全以女方為主體。

平埔族人以女性為主，無論生兒育女或者婚嫁的觀念都表現得非常強烈，「重生女。贅婿於家，不附其父。故生女謂之有賺，則喜。生男出贅，謂之無賺。」（周璽《彰化縣志》）。

以招贅婚為主的婚姻形態，使得女性在家庭及親族中扮演重要的角色，周鍾瑄修《諸羅縣志》載：「無伯叔、甥舅，以姨為同胞之親，叔侄、兄弟各出贅離居，姐妹多同居共爨故也。近縣各社，有夜宿婦家，日歸其父合作者；父母既卒，乃就婦家。」。

如此完全以女性為重心的社會制度，不知道維持了幾百年，等到漢人來了，許多人為了取得土地以及諸多原因，被平埔族人招贅，然而漢人強烈的父權思想，不僅無法委屈在平埔族人女性至上的傳統觀念中，更是破壞族人原始家庭制度最主要的力量。

●平埔族大多爲母系社會，婦女地位較高。（圖爲十九世紀西方探險家所刻的鋼版畫）。

年齡階層

原住民族的社會結構中，大多以不同的年齡階層來劃分，平埔族人雖然並非每個民族都有明顯的年齡階層，但仍有某些民族，以這種方式來區分不同人士的社會地位。

大體而言，平埔族羣的年齡階層，主要分成年男子，未成年男子以及婦女等階層，有些地方再把婦女分已婚和未婚兩階，另有長老層為社會最高階者。早年區分男子成年與否的方式，是用是否上山打獵或捕魚，並獲得獵物為主，現今則改用當兵與否做為區分。

年齡層的區分，在平常的生活中便顯得相當重要，長老層享有最尊貴的地位，社會重大問題處理，祭典祭祀禮儀，都必須透過長老羣和頭目共同召開的長老會議決定，再下來是已婚婦女羣，她們為社會的骨幹，成年的男子主要負責漁獵生產，在社會中的地位也相當重要，未婚的女男則是位階較低者，必須尊敬各階層的人士，並虛心接受他們的教誨。

現今仍保存年層組織較明顯的，為花蓮地區的噶瑪蘭族人，每逢祭典或部落性的活動時，不同年齡階層的人，甚至不能同在一起吃飯，外人也很容易在這樣的現象中，分辨出他們之間社會地位的不同。

●噶瑪蘭族的年齡階層，在團體飲食時分得最清楚。

家庭生活

在未受到漢文化影響之前，平埔族人的生活應是最單純而樂天知命，「不識不知，無求無欲」，正是族人傳統生活的寫真。

平埔族人的日常生活中，並無婢妾、僮僕的存在，平常甚少出門，若要出行則大多是夫婦同行，周鍾瑄修《諸羅縣志》載：「終身不出里閈；行攜手、坐同車，不知有生人離別之苦。」不過有南部的西拉雅族部份社羣，夫婦並不同住在一起，「白天，丈夫不得進入妻家，只能在夜間偷偷潛入，……就寢前，妻子會過來躺在丈夫身邊。次日天未亮之前，丈夫必須悄悄離開妻家。」（甘為霖《Formosa Under the Dutch》）。

偷竊以及賭博，在平埔族人的世界中，是罪大惡極的行為，犯過者都必須受到極嚴厲的刑罰，直到漢文化入侵，「近乃有呼盧角勝者。」（周鍾瑄《諸羅縣志》）。男人主要的工作是打獵和捕魚，婦女則負責其他諸多事務，婦耕種、採樵、汲水……等，一般並不善於織繡，「能織者少，且不暇及；故貿易重布。錢穀出入，悉以婦為主。」（周鍾瑄《諸羅縣志》）。

●湯姆生所拍攝到的六龜西拉雅族人的生活。

牽手

福佬人大多俗稱妻子為牽手。牽手這個名詞，在幾百年前，卻是平埔族人結婚的習俗。

南北各地的平埔族人，社會制度雖不盡相同，但大多以女性為主體，傳統的婚姻中，女性更擁有決定權，「婚姻不用媒妁、女及笄，築室另居；未婚者彈口琴挑之。銜弓於脣間、齒隙吞吐成音，以手撥弦；其聲錚錚然，互相和答，意合，遂成夫婦。」（六十七《番社采風圖考》）。

平埔族人的婚嫁習俗，包括訂盟、聚飲、成婚等諸多習俗，黃叔璥的〈番俗六考〉中，記載過一則非常完整的婚嫁之俗：「婚姻名曰牽手，訂盟時，男家父母遺以布麻達（番未娶者），成婚父母送至女家，不需媒妁，至日執豕酌酒，請通事土官親戚聚飲賀新婚，名曰描罩佳哩。」，夫婦若無法繼續生活下去，也有離婚的規矩：「夫婦反目，即離異，男離婦罰酒一甕，番銀三餅；女離男，或私通被獲，均如前例。其未嫁娶者，不禁，若配合已久，造高架坐婦於上，舁迎諸社中，番眾贈遺色布，歸宴同社之眾，則永無離異。」（同前引）。

●現代水墨畫家王灝所繪的平埔族人牽手圖。

口琴與鼻簫

口琴和鼻簫是平埔族人的兩種主要樂器，也是青年男女們表達愛意或傳遞情感的主要工具。

平埔族人的口琴，也稱嘴琴，「其一制如小弓，長可尺餘或八、九寸，以絲及木皮之有音者綸為絃；扣於齒，爪其弦以成聲。其一制略似琴形，大如指姆，長可四寸，竅其中二寸許，釘以銅片，另繫一小柄；以手為往復，脣鼓動之，聲出銅片間如切切私語，皆不能遠聞，而纖滑沈蔓，自具一種幽響。」鼻簫則是「截竹竅孔如簫，長者可二尺；通小孔於竹節之首，按於鼻模吹之……」（周鍾瑄《諸羅縣志》）。

未婚的青年，往往於清風明月之際，在部落中吹奏口琴或鼻簫，少女們若對這位廝達有興趣，則可主動附應，暗通情款，滿人六十七曾以古詩描繪這種浪漫的情景：「鼻簫清響遏行雲，有女東牆側耳聞，何必焦桐傳密意，數聲吹出卓文君。」。

●《清職貢圖選》所刊的西拉雅族蕭壠社人鼻簫圖。

育兒

大體而言，平埔族屬於母系為重的雙系社會，對於生兒育女，基本上是重女輕男，「俗重生女，不重生男」之類的文字，在清代文獻中處處可見。

婦人生下孩子之後，有一個非常特殊的浴溪之俗，「番俗初產，母攜所育兒女同浴於溪，不怖風寒，蓋番性素與水習。」（六十七《番社采風圖考》），平埔族人以最原始的方式，完成初生嬰兒的洗浴之禮，充份表現出這個民族自由、豪邁的本性。

平埔族婦人揹小孩的方法，大多側揹在腋下，相傳是因孩子若揹在背後，常會被番婆鬼偷換成畚箕，為求安全，就只得揹在腰側，而成特殊的習俗。給孩子餵乳時，非但毫無忌諱，反而希望在場的人多看看、多關心；六十七撰《番社采風圖考》載：「番無男女不親之嫌。番婦乳兒，見者從旁與梱戲狎，甚喜，以為人愛其子，雖撫摩其乳不禁也。若過而不問，殊有怫意。」。

●《清職貢圖選》所刊貓霧捒族西螺社婦女帶小孩的情景。

溪浴

根據語言學家李壬癸教授的研究，南島系民族是世界上最擅於航海的民族。平埔族實為典型的海洋民族，和水的關係最為密切，大多沿海或沿河而居，以漁獲為主食，更有許多儀式，跟河的關係密切。

日常生活中，平埔族人便常借河川洗滌以及沐浴，「彰化以北，番婦日往溪潭盥頮沐浴，女伴牽呼，拍浮蹀躞，謔浪相嬲；雖番漢聚觀，無所怖忌。」（六十七《番社采風圖考》），不僅如此，他們更以溪浴的方式治病，「……蓋番性素與水習，秋潦驟降，溪壑漲盈，腰掖葫蘆，徑度如馳。有病亦取水灌頂，傾瀉而下，以渾身煙發為度，未發，再灌，發透，則病愈。」（王瑛曾《重修鳳山縣志》）。

傍水的平埔族人，更善於造艋舺或竹筏渡河，六十七撰《番社采風圖考》的〈渡溪〉條下載：「諸邑目加溜灣、麻豆等社土目通事，遇霖雨過溪，眾番浮水乘筏而渡。」。

●平埔族人的生活和溪關係密切（圖爲十九世紀西方探險所繪平埔族人生活）。

衣飾

漢文化入侵之前，平埔族的衣飾，「初以鹿皮為衣，夏月結麻枲，縷縷桂於下體」（黃叔璥《台海使槎錄》）而已，等漢人移民愈多，各地社人愈有機會接觸漢文化，漢人為營生或貿易，也常用各種布料和平埔族人交換土產，使得平埔族人的衣飾受到漢文化極大的影響。

●攝影家湯姆生鏡頭下的六龜少女，衣着相當簡樸。

清乾隆年間編纂的官書《清職貢圖選》，記錄過大傑巔至竹塹社等諸社人的形貌，服飾方面，雖已開始使用花布，但受到漢文化的影響仍不深，所記大傑嶺（應為巔）社人的衣飾為「衣用布二幅聯如半臂，垂尺許於肩肘，腰圍花布……」，鳳山放綵社人的服飾為「另以鹿皮蔽體，或披氈敞衣；女著衣裙。」諸羅山社的服飾，「男番首插雉尾，以樹皮績為長衫，夏常裸體。女盤髮，綴小珠，覆以布帕。」蕭壠社的衣飾和諸羅社同，淡水廳德化、中港等四社「男婦皆短衣，腰圍幅布。」竹塹社人的衣飾稍複雜，「男剪髮齊額，或戴竹節帽，表衣繡緣如半臂，下體圍花布。婦盤髻，約以朱繩，衣亦如男。」。

約在清中葉以降，平埔族人的衣服就愈來愈近漢人，「衣以梭布為之，色尚黑，似半臂而增袖，似對襟褂而短禿……」（吳子光《台灣紀事》）。

●左鎮化石館陳春木先生收藏的西拉雅族人首飾。

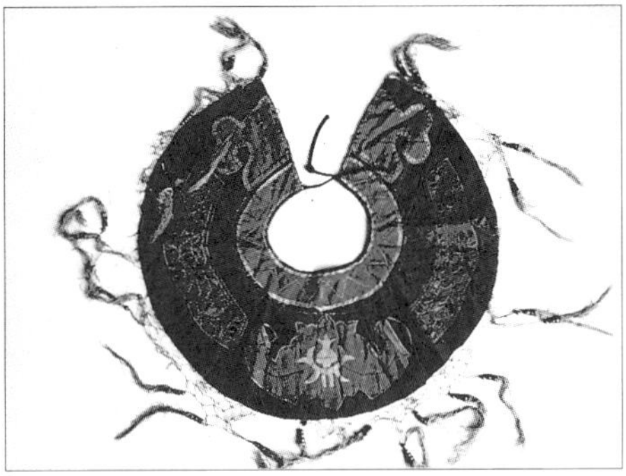

●陳春木先生所收藏的西拉雅族人頸飾。

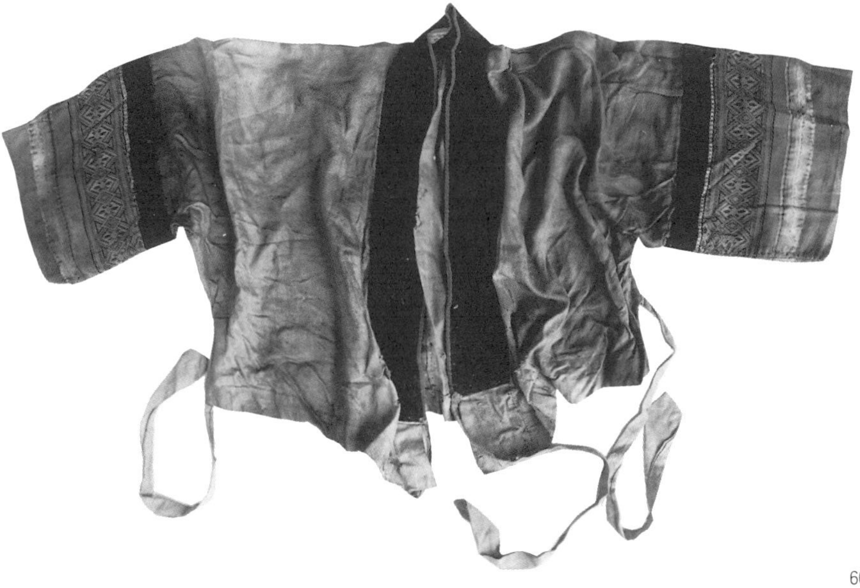

●陳春木先生收藏的西拉雅族人服飾。

各種飾品

平埔族人的生活雖然簡樸，婦女們卻非常懂得在自然的物質中，製造各種裝飾性的藝品，包括手鐲、耳環、項鍊以及頭飾……等。

「頭上珠飾，名曰沙其落；瑪瑙珠，名曰卑那荅。頭掛銀錢、約指、螺貝及紅毛錢。瓔珞纍纍，盤繞數帀，名曰夏落。臂釧，東洋鐲銅起花鐲，或穿瑪瑙為之。手圈名曰龜老……」「男婦頭貫骨簪曰打拉；所掛之珠曰立項帶，瑪瑙珠曰牙堵、螺牌曰夏力什素……」「項上掛瑪瑙珠、螺錢、草珠，曰真仔贊，耳鑽八、九孔，帶漢人耳環……」（黃叔璥《台海使槎錄》），大致可看出平埔族人善用的飾品中，以瑪瑙珠、螺錢、牙堵以及其他不知名的珠飾為主，且每種飾物體積都相當大，掛在項上或耳上都顯得頗為巨大，平埔族人卻認為如此才是美。

●十九世紀，六龜西拉雅族人頭上的裝飾。

台灣產金甚少，飾物中都以珠石為主，有些地方則加上鐵製的飾品，唯獨宜蘭地區產有金砂，平埔族人的飾品也盛行金鯉魚，「蘭番常以低金絲線作一弓一弦之勢，長約尺許，高約二寸，以金線豎纏於弓弦之際，狀似扁梳，懸於眉額，名金鯉魚。」只是金鯉魚並不多，於是仿冒品也出現了，「諸番割用銅線渡金，仿傚其製，以贋易真，致滋轇轕。」（陳淑均《噶瑪蘭廳志》）。

房舍

平埔族人的住屋，大體上以台灣最易取得的土、木、竹為材，搭建的範圍並不甚大，全家同居一室，因而常被前清誌書評為「臭不可聞」，但和安雅族和西拉雅族，有部份社羣的房舍以土墩為地基，把房子建得又高又大，「昂其前可五尺，門架木橫以入。大者廣五丈，深十丈許，如余皇；中柱以喬木，樑椽，四壁悉材篔簹。左右前後門戶疏通，覆以茅茨，剪洒絕塵；前施丹雘，竟可以畫舫額之。」（周鍾瑄《諸羅縣志》）。

舊時的噶瑪蘭族人，居住的房子，以大木頭挖空為頂，陳淑均修《噶瑪蘭廳志》載：「其房屋則以大木鑿空倒覆為蓋，上下貼茅，撐以竹木兩旁皆通小戶，前另築一間，號北投口。」不過這種特殊形制的房舍並不多見，清中末葉後的噶瑪蘭人房舍，大多改用覆草為頂了。

●日治時代台北金山一帶的凱達加蘭族人石造房舍。

▲十九世紀，西方探險家所繪的平埔族人及其住屋。
◀花蓮噶瑪蘭人所造的模型房屋。

造屋

對於「不交不爭，自求自足」的平埔族人而言，造屋則是部落中的大事，往往要動員許多人參與。

造屋，平埔族人稱為乘屋，子女嫁娶時，大多需要另造新屋以為居住，造屋的時間常在豐年收成之後，也可以隨時乘造，主要是看需要而定。各族的居屋形態不同，有些有底座，有些則無，有底座者需要先費時興築基座，「番不諳堪輿，然築居亦自有法。初卜鳥音以擇日，營基高於地五尺，周圍砌以石，中填土。會集社番，各持畚挶，併力合作，不日而成；勞以酒食，彼此均相助焉。」（六十七《番社采風圖考》）。

正式的造屋，各族因使用材料的不同，也有頗大的差距，大致的情形則是：「蓋屋先植棟柱於地，然後削竹為椽，編茅為瓦，成圓蓋，會社眾合力擎舉置棟上。前後皆有闔扇，繪髹漆，殊炫麗。兩旁皆細竹，編為花草等紋：：。」（同前引），有些地方的房舍並非圓頂，而為方頂，除此外，上述的造屋技術，一直到九〇年代初期，宜蘭縣政府請噶瑪蘭族人造一座樣品屋時，大體的方式和技術都沒有改變。

●《諸羅縣志》所刊平埔族人乘屋圖。

●現代噶瑪蘭人，在宜蘭表演傳統的造屋技巧。

霞藍與葫蘆瓜

在物質生活方面，平埔族人最擅使用竹、木以及石製的東西，有些社羣也懂得使用鐵器，但並不普遍，且明顯地是受到漢人文化的影響。

竹和木是平埔族最常用建築房舍的材料，此外也用來製作舂米的木臼、獵射所用的弓和箭，盾牌以及「編竹篾為藍，其制圓，曰霞藍。番無升斗，以此為量；大者裝至三、四石。」（周鍾瑄《諸羅縣志》）。台地漢人婚慶常用櫳藍，很有可能就是承襲平埔族人的霞藍而來。

土和石則常用於建構房舍地基以及爐灶，形制頗為簡略，「灶支三木，泥以土或用石甃，名曰：『六難』，鍋曰『巴六』。」（王瑛曾《重修鳳山縣志》），漢人入侵後，漸多社人也開始採用鐵製的鍋燒煮食物。

鐵器的使用，以刀斧為主，「男女出門，身不離鐵，刀之制，或方頭，或尖葉，長不滿尺，銛於斧斤。木鞘韜之，橫繫腰背。」（周鍾瑄《諸羅縣志》）。

平埔族人耕種葫蘆瓜，除了食用，更當作容器或裝行李的器具，「又製葫蘆為行具，大者容數斗，出則隨身，旨蓄毯衣，悉納其中，遇水則浮。」（黃叔璥《台海使槎錄》），漢人看到這個東西好用，想要出高價購買，平埔族人還不肯出售呢！

●平埔族人種葫蘆瓜食用，並拿來當作容器。

飲食

傳統的平埔族人飲食，雖然懂得熟食，仍有許多食品以生食為主，尤以蔬菜為最，他們以搗碎加鹽及大蒜等配料食用，別有一番風味，至今仍有族人保留這種飲食方式。

漢人入墾之後，平埔族人也漸以米為主食，並用來釀酒，「無廚灶，以三尺架架鍋於地。粥則環向鍋前，用椰瓢吸食；飯則以手團之而食。米，隨用隨舂。粟、麥、衣服皆貯葫蘆瓠中。好飲酒，將米置口中嚼爛，藏諸竹筒，不數日而酒熟。」（高拱乾《台灣府志》），其他的主要食品還有獸肉及魚，大多用鹽醃來食用，許多社人也養雞，雞和寶冬瓜被認為是待客最佳食物，「雞最蕃；客至，殺以代蔬，弗之貴也。寶冬瓜；官長至，抱瓜以獻，佐以粉餈，雞則以犒從者。」（周鍾瑄《諸羅縣志》）。

在果蔬方面，平埔族人的嗜好顯然跟清代的漢人截然不同，「果嗜檨及番石榴。番石榴，俗所稱梨仔拔者也，臭如雞囮，番酷嗜之。投之鮮荔子，或以為惡。」（周鍾瑄《諸羅縣志》）。

●噶瑪蘭族人的傳統食物。

●《諸羅縣志》所刊的平埔族人捕鹿圖。

獵人

平埔族人的生活形態，以漁獵為主，每一個子弟從小就得接受捕魚和打獵的訓練，「男女約十四、五歲時，編藤圍腰，束之使小；故射飛逐走，疾於奔馬。」（高拱乾《台灣府志》）。

要成為一個勇敢的獵人，除了善跑之外，打獵捕魚技巧的學習也非常重要，各族羣的長老們，都以不同的方式來訓練子弟，或分春秋兩季帶子弟上山，或在傳統牽曲之期，定出幾日為獵穫之期，由經驗老道的獵人，分批帶領成長中的男子上山打獵，從學習判斷、追蹤到獵獲，每項技術無不傾囊相授。此外另有射魚的訓練或比賽，教會他們如何在不用（不懂得用）漁網的情況下，捕得到魚。

「十齡以上，即令演弓矢；練習既熟，三、四十步外取的必中」。（六十七《番社采風圖考》），如此的訓練，無非是要他們在完整而嚴格的訓練之下，每個人都可以成為勇敢而傑出的獵人。

●西方探險家筆下的十九世紀平埔族獵人。

獵鹿

鹿是台灣早期數量最多，最具代表性的野生動物，甚至有人將台灣稱作鹿之島，荷蘭人和西班牙人佔領台灣，鹿也是最主要吸引他們的經濟產物。

對於平埔族人而言，鹿是最重要的主食，甚至是經濟來源，清代的諸多文獻中，都曾用圖繪或者文字描繪族人獵鹿的情景，相當逼真動人：「當春深草茂，則邀集社眾，各持器械帶獵犬逐之，呼噪四面圍獵，得鹿則刺喉吮其血，或禽兔生啖之；醃其臟腹，令生蛆，名曰：『肉筍』，以為美饌。其皮則以易漢人鹽米煙布等物。」，「淡防廳大甲、後壠、中港、竹塹、霄里等社熟番至秋末冬初，各社聚眾捕鹿，名為出草。」（六十七《番社采風圖考》）。

無論是獵人單獨的狩獵行為，或者社眾齊聚圍捕的行動，鹿和平埔族人間，一直都能維持生態的平衡，直到荷人入據，鼓勵族人大量獵鹿以換取其他物質後，台灣的鹿才迅速消失。

●持槍準備上山打獵的噶瑪蘭獵人。

●漁獵爲平埔族人最主要的經濟來源（取材自《諸羅縣志》）。

捕魚

魚是平埔族人相當重要的主食，巴宰海族人於祭典中有捕小魚的儀式，以祭祀祖先，更喜歡「捕小魚，微鹽漬之，令腐；俟蟲生既多，乃食。亦喜作鮓魚，以不剖腹而醃，故速腐。」（周鍾瑄《諸羅縣志》）。

魚既然是平埔族人主要的經濟產業，捕魚乃是他們最重要的謀生技倆。大體而言，族人捕魚的方式，從射魚、圍魚而至網魚，受到漢人影響的痕跡相當明顯：「善射魚；伺巨者仰沫，弋而取之無虛發。近亦效漢人撒手網，作竹罩；大小畢取矣。自呑霄至淡水，砌溪石沿海，名曰魚扈；高三尺許，綿亙數十里。潮漲魚入，汐則男婦羣取之；功倍網罟。」（周鍾瑄《諸羅縣志》）。

懂得用圍、用網的方式捕魚之後，婦女也必須參與這項工作，「二林捕魚，番婦或十餘或數十於溪中用竹籠套於右胯，番眾持竹竿從上流毆魚，番婦齊起齊落，扣魚籠內以手取之。」（黃叔璥《台海使槎錄》）。

●十九世紀，苳濃溪畔的西拉雅族漁人。

服牛

牛也是早期台灣野生動物中的一項，但都為肩峯牛，也就是俗稱的黃牛，台灣的原住民自古就經常圍捕牛羣，以供食用或馴服做為耕牛，受到漢文化影響的平埔族人，習會農耕技術後，牛的重要性大增，捕牛自成了一項重要的工作。

平埔族人捕牛，稱服牛或捉牛，是一項羣策羣力的工作，「台郡內山深篠密箐中產野牛。番會社眾，以長竿繫繩為圈，合圍束其頸。牛曳繩怒奔，則縱其所往，伺其力盡，繩勢稍緩，徐徐收繫於木；餓之，漸進草食。俟馴習，然後服而用之。」（六十七《番社采風圖考》）。

經過馴服之後的牛，主要的功用是耕種，牛病了或老了，則宰而食之，不過也有不吃牛肉的例子，「沙轆、牛罵不食牛，牛死委於道旁。」（黃叔璥《台海使槎錄》），史雖無據說他們何以不吃牛肉，但應該跟牛替人耕作，不食牛以感恩多少有點關係，事實上現今仍有許多台灣人不吃牛，就是為了感念牛一輩子的辛勞。

●平埔族人已懂得用牛耕種。

耕種

屬於半開民族的平埔族人，原始的生活型態是以狩獵、捕魚為主，耕作方面，僅懂得種旱稻，不知耕作技巧，甚至也沒有田器，僅用簡單的鋤或鏟，直到漢人入墾，才受到漢人耕作技巧的影響，陳培桂修《淡水廳志》清楚記載兩者的差別：「淡南耕種犁耙諸器，均如漢人。食器亦有鐵鐺瓷碗。淡北無田器，耕以鋤。」。

原始平埔族的耕作，大致的情形是：「種禾於園。種之法，先於秋八、九月誅茅，平覆其埔；使草不沾露，自枯而朽，土鬆且肥，俟明歲三、四月而播。場功畢，仍荒其地，隔年再種，法如之。禾桔高而柔，慮為風雨摧折，雜植薏苡。薏桔粗梗又差高於禾，如藩籬然。一畦之中，兩種並穫。」（周鍾瑄《諸羅縣志》）。至漢化人大量移民後，水稻的耕作技巧迅速改變平埔族人的農耕技術，闢水田、插秧苗、莳雜草，割稻谷的景緻，在平埔族人的田園中愈來愈容易見到。

●《諸羅縣志》所刊之平埔族人插秧圖。

老鼠租

西拉雅族人每逢收穫之期，都有放老鼠租之俗，也就是在田頭田尾放一些粟米，供老鼠食用，稱老鼠租。

老鼠租的由來，傳為西拉雅族人自海上漂流來台時，島上沒有作物可食，幸好船上還有一些老鼠吃剩的粟種，族人就靠這些粟種播種，讓族人得以存活下來，並一直留傳到現在，他們為感念最初老鼠們留下的粟種，乃於每年收穫之期，每家供出一握，放在田頭供老鼠們享用。

隨著西拉雅族人漢化的程度愈深，粟米文化漸被稻米所取代，老鼠租之俗漸不可見，今僅留下這樣的一個傳說而已。

舂米

自認天生地養的平埔族人，本性樂天，缺乏土地與財產的觀念，表現在生活的態度上，甚至是夜無餘糧，以舂米為例，他們往往是要吃多少才舂多少；「粟不粒積，剪穗而藏，帶穗而舂，無隔宿之米。以巨木為臼，徑四尺、高二尺許，面凹如鍋，鑿空其底，覆之如桶。旁竅三、四孔，以便轉移。杵輒易手，左右上下，按節旋行，或歌以相之。」（周鍾瑄《諸羅縣志》），「番無輾米具，以大木為臼，直木為杵。舂去糠粃，以供一日之食；次日，則另舂之，不食宿米。男女同作，率以為常。」（六十七《番社采風圖考》）。

漢人帶來了農耕技術，自然也開始改變族人舂米的習俗，他們漸會利用漢人的土礱，一次輾較多的米，再用風鼓分出米粒和稻殼，甚至會用木臼將糙米舂得白一些。

●《諸羅縣志》所刊平埔族人舂米圖。

揉採

平埔族人傳統的生活文化中，有一項非常特殊的揉採，令人難解其意。

揉採其實是形容族人非常善於攀爬上樹木採摘果實，「飛登樹杪，捷於猿猱」而名。台灣的原住民中，幾乎每族都以這種方法採果，甚至有原住民族身手健康而被形容成「雞足番」：「又有雞足番，趾如雞距；食息皆在樹間。其巢在深山中，與他社不通往來。」（六十七《番社采風圖考》）。

平埔族人的揉採，最主要的是檳榔，台灣南部各社羣皆喜歡種這種果實，「舍前後左右多植檳榔，新港、蕭壠、麻豆、目加溜灣四社為最。森秀無旁枝，修聳濃陰，亭亭直上。夏月酷暑，掃除其下，清風徐徐，令人神爽。漢人近廣植之，射利而已。」（周鍾瑄《諸羅縣志》）。除了栽種的目的不同，採摘的方法，平埔族人一直以「騰越而上，扳援蹻捷」的揉採之法，漢人則是用長柄的鈎鐮，把成串的檳榔割下。

●《諸羅縣志》所刊平埔族人採檳榔圖。

守隘與瞭望

平埔族人雖為台灣原住民之一，但相對於高山九族的原住民，他們卻也成了入侵者，加上文明的程度不同，平埔族人為了維護家園的安寧以及社人的安全，古來就有守隘和搭設望樓瞭望的習俗。

守隘乃是指守護部落，主要的方法是：「守隘，台郡各縣番民附近生番居住者，伐竹為欄，每日通事土目派撥番丁，各帶鏢鎗弓箭，以防生番出沒。」（六十七《番社采風圖考》），瞭望更是不可輕忽的例行工作，「淡防竹塹、南崁、芝包裏、八里坌等社通事土目，建搭望樓，每日派撥麻達巡視，以杜生番，並防禾稻也。」（同前引），所謂麻達乃指最善跑的年輕人，日夜派人瞭望以策安全，其實不只上述幾社而已，中南部地區只要近山的部落，都有類似的安全措施。埔里有個地方叫守城份，乃因墾拓時怕泰雅族人出草，專門派人瞭望守衛，其他人所開墾的土地，守城者也可得到一份的意思。

●埔里向陽博物館製作的平埔族望樓。

會飲

酒是平埔族人最重要的飲食之一，傳統的釀酒分紅酒及白酒兩種，紅酒的材料是「朮米，似糯較長，香婹；宜粢、宜醴。蒸熟拌麴，以箋為膌，置甕口，糟實其上，液瀝於下，封固藏久。」白酒則用米製成，「搗米成粉，番女嚼米置地，越宿以為麴，調粉以釀，沃以水，色白，曰姑待酒，味微酸。」（周鍾瑄《諸羅縣志》）。

平埔族人釀酒用以自飲，也用來待客及祭祀，噶瑪蘭族人新年時節的巴律令，就要用紅白兩酒祭祀祖先，和安雅族的諸羅山、哆囉嘓、打貓等社人，更有會飲之俗，「每年以二月二日，為年一社會飲，雖有差役，不遑顧也。」（黃叔璥《台海使槎錄》），其他各族則於每年歲收之時，「通社歡飲。男女雜坐地上，酌以木瓢、椰椀，互相酬酢；不醉不止。其交好親密者，取酒灌之，流溢滿地，以為快樂。」（六十七《番社采風圖考》）。

●《諸羅縣志》所刊的平埔族人會飲圖。

野祀（過火）

台灣漢人的民間信仰中，有過火一項，乃先燃一堆火，再由人和神快速通過火堆，以祈健康福安，這項習俗，應是襲自平埔族人傳統信仰中的野祀。

野祀乃是吳子光不屑這項風俗而給的稱呼，他在《台灣紀事》中清楚地記下個人偏頗的觀點以及整個活動的過程：「番性喜野祀。野祀者，宋子魚所言淫昏之鬼是已。行其庭，偶像布滿其上，間旬日，神降乩，巡歷某地，與過火為厭。禳則舉國如狂。屆期，番族一隊隊嗚鉦鼓，舁諸偶像至，候咒禁師焚籙畢，勅撒鹽柳火氣使戢，跳躍者久之。事畢，如鳥獸散，是謂過火禮成。」。

上述吳子光在〈紀番社風俗〉留下的記錄，雖然無法確定是那一族那一社人的習俗，但在整個祭儀中可以看出，漢人的過火，無論方式、目的及意義，都和平埔族人的野祀（過火）有太多近似之處。

●漢人的過火，可能沿自平埔族舊俗？

占歲與鳥卜

占卜是原住民族最傳統的巫術之一，不同的民族，都以不同的器具或鳥獸，做為占卜的工具。平埔族人的占卜巫術，史有記載的包括草占、鳥卜以及人的噴嚏、如廁……禁忌等項類。

每年新春，平埔族人以草生長的狀況預卜這一年的豐歉，如果是豐收之年，則甘草先長；若是作物將歉收，新春先生的則是苦草。至於鳥卜，則是上山採樵、狩獵之時，必先聽鵓鴣的叫聲，才決定是否上山，周璽修《彰化縣志》載：「無卜筮。凡出草入山樵採，必聽鳥以卜吉凶。吉乃往……」。此外，在出門之時，更有許多禁忌，「出門猝聞噴嚏，或逢人如廁，則以為弗吉，退而返。番女採薪汲水，則覆水而棄其薪。」（周鍾瑄《諸羅縣志》、周璽《彰化縣志》）。

●平埔族人無論打獵或耕種，都要先占卜凶吉（圖為《清職貢圖選》所刊的巴布拉族大肚社男女圖像）。

颱風草

現代社會由於氣象的發達，人們對於陰晴風雨，都能透過氣象預報而事先得知，雖然如此，農村地區仍有許多人們，相信颱風草上的幾道摺痕，便表示颱風將來幾次。

颱風草，本名為椶葉狗尾草，多年生禾本植物，全株高約在一百公分之內，花為圓錐花序，許多小穗聚成一團，最大的特色是葉子，葉片寬大如紡錘狀，葉面有明顯的平行縱脈，有點近似椶櫚葉，因而叫做椶葉狗尾草。

台灣地理環境特殊，颱風草特別的多，原住民在幾千年前，便擁有完整的颱風經驗，許多民族都以颱風草來檢驗颱風可能來臨的次數，平埔族人自然也不例外，「春以草驗風信。初生無節，則週歲無颱。每多一節生，主颱一次，驗之不爽。近漢人亦有識此草，不知其名，但曰風草。」（周璽《彰化縣志》）。

從颱風草的例子可以看出，台灣的漢人文化，其實受到原住民文化的影響相當的大，只是現代人大多不察，認為原本就是漢人的文化。

●平埔族人最早以颱風草來占驗颱風。

遊車

漁獵為生的平埔族人，主要交通工具是靠兩條腿，特殊的場合與時節，則乘坐牛車出遊。

平埔族人乘坐牛車出遊，最常見的例子是：「每當花紅草綠之時，整潔牛車；番女梳洗；盛妝飾，登車往鄰社遊觀，麻達執鞭為之驅。途中親戚相遇，擲果為戲。若行人有目送之而稱其豔冶者，則男女均悅以為快。」（六十七《番社采風圖考》），顯見遊車的目的，除了趁新春拜訪親友，並渡假共享歡樂，更重要的是給未婚的男女青年們（未婚之男生稱麻達），有更多認識交往的機會，以利湊合婚姻。

現今男女乘車出遊的景緻已不復見，但屏東縣高樹鄉泰山公廨，每逢牽曲，社人同樣會整齊牛車，載運長老們前往公廨參加祭典，浩浩蕩蕩十數車列隊而行，場面相當動人，而百年前遺俗能留傳至今，更令人感到彌足珍貴。

●屏東高樹至今仍遺有乘牛車出遊的舊習。

刺桐花

原住民族由於生活單純，與外無涉，唯一跟時間有關的，是什麼時節該播種什麼作物，什麼動物在寒冬或酷暑最常出現……等，因而許多族羣大多過著「終歲不知春夏，老死不知年歲」（黃叔璥《台海使槎錄》）的生活。

單純而樸素的平埔族人，自古更是過著「無曆日、不知年歲」的日子，僅以簡單的方法記錄時間，其中最普遍的莫過於「番無年歲，不辨四時，以刺桐花開為一度。」（六十七《番社采風圖考》）。

刺桐花，《番社采風圖考》的解釋是：「……葉似桐而幹多刺。開花期於二、三月，色極朱。樹大數圍，當花時，葉盡脫。」植物的分類上，它屬於落葉喬木，又稱雞公樹，因枝長有黑刺而得名，枝老時刺會脫落，樹形高大，枝挺葉繁茂，火紅的花朵開在其上，相當明顯而吸引人。

分佈在亞細亞熱帶地區的刺桐花，常被栽種在海邊當防風林，但近年已漸少見，屏東高樹的泰山公廨前，仍植有四棵巨大的刺桐花，每年依序開花落葉，彷彿為平埔族人舊時單純無慮的生活，留下最好的註腳。

●刺桐花插枝便可以存活。

●屏東高樹公廨前高大挺拔的刺桐樹。

喪葬

平埔族人的喪葬，大體上擁有無棺、屈葬、埋在床底或家宅附近等幾項特質，跟台灣其他的原住民葬禮文化相當近似。

南北各地平埔族人，對逝者的埋葬之法並不相同，周鍾瑄的《諸羅縣志》說：「無棺槨塋域，裹以鹿皮。有生時置皮一器如廂，入已物其中，死即以為棺者。瘞所居床下，移其居，而舊宅聽其自圮。」，陳培桂修《淡水廳志》則說：「淡南番死，男女老幼皆裸體，用鹿皮包裹，親屬四人舁至山上，用鹿皮展舖如席，以平生衣服覆之，用土掩埋……淡水番亡，用枋為棺，痤原瘞於屋邊，以常時雜物懸墓前。」在宜蘭的情形最為特殊：「番社曰『馬歹』，華言衰也。死不棺殮，眾番幫同掘葬。如農忙時，即用雙木搭架水側，懸裹其上，以令自漬，指其地曰『馬鄰』，猶華言不利市也。從此該社徑行不由其地。」（陳淑均《噶瑪蘭廳志》）。

大體而言，平埔族人也有守喪之俗，時間長短卻無定數，噶瑪蘭族人必須守至新月出現為止，其他或僅三日，或長達一個月者，更有「無定日，極意而止。色用皂者，以人死則不可復生，布染皂則不可更染他色也。」（周鍾瑄《諸羅縣志》）。

●花蓮新社噶瑪蘭人建造的新墳。

●平埔族人的喪葬，大多採無棺、屈葬（圖爲八里十三行遺址出土的先民的骨骸）。

馬鄰地

平埔族人對於死亡，大多懷著懼怕的心情，甚至將親人之外的亡者，視為惡靈，更把死亡之處或者埋葬（懸掛）亡者的地方視為馬鄰地，黃叔璥撰《台海使槎錄》載：「喪家為喪服，十日不出戶，眾番呼為馬鄰……」，陳淑均修《噶瑪蘭廳志》也指出埋葬死者，或懸掛死屍的地方為馬鄰，是不吉利之地。

安置喪者的地方，稱為馬鄰地，被認為是非常不吉利的地方，一般人若非有事，儘量不靠近那個地方，甚至田地也棄作。漢人得知平埔族人這項風俗，乃在廣大的平埔族人土地間棄置屍體，平埔族人被迫放棄那些地方後，正好被漢人接收、侵佔。

噶瑪蘭族人更有將屍體懸掛在樹上，任其腐爛的習俗，因而也就有了馬鄰樹或馬鄰竹，自然是指懸掛屍體的樹木或竹林，這些地方，一直都被視為禁忌之地，甚至直到現今，許多族人仍會談起馬鄰樹或馬鄰竹而變色。

●平埔族人稱墓地爲馬鄰地。

頭目印信

清廷入主台灣之後，對於原住民大體以討伐和招降兩種方法並重，對於平埔族人，則大多以招降歸順之法，清廷並以是否歸順之別，將原住民分為「生番」及「熟番」。

平埔族人的歸順，早在清康熙年間便開始，「自康熙二十二年開台以來，漸次歸順。雍正十年，大甲西、沙轆等社為梗，我師戡定；尤或乃，骨字等社人蹟罕到，亦相率歸化……」（六十七《番社采風圖考》），可見清廷對招撫平埔族人的成績。

為了鞏固招安歸順的成果，清廷同時施以各種方法，最典型的包括：賜姓，准許著漢服、留辮子等，此外，清廷還給予頭目、通事、業主等新的權威，讓他們得以在官方的允許下，擁有更堅固的領導權或者是特權。

清廷給予頭目、通事等新的權威，最具代表性的莫過於發給各種印信，這些大小不一，用石頭或木材刻成的印章，上書「××廳（縣）給××社頭目（通事、業主）××戳記」等字樣，正中央部份還用草書寫一圖案，擁有這樣的一個印章的人，代表著如假包換的官賜權威身份，這對於原本連文字都沒有的平埔族人而言，自是另一項臣服的重要誘因。

●偕萬來先生珍藏祖父留下來的頭目印信。

習字

平埔族羣本身是個沒有文字的民族，然而在長期與外界的交往與折衝中，部份社人曾在荷蘭、西班牙以及清代，學習過一些不同的文字。

西拉雅族的新港社人及巴宰海族的岸里社人，因曾習荷蘭人教授的羅馬拼音文字，至荷蘭人離去後的一百年餘間，仍能用羅馬拼音文字和漢人訂定契約，留下許多新港文書和岸里文書，可見影響之深遠。羅馬拼音文字被漢人視為紅毛字，「習紅毛字，橫書為行，自左而右；字與古蝸篆相彷彿。能書者，令掌官司符檄課役數目，謂之教冊仔。……」「紅毛字不用筆，削鵝毛管為鴨嘴，銳其末，搗之如毳，注墨瀋於筒，湛而書之紅毛紙。不易得箋，代之以紙，背堪覆書也。」（周鍾瑄《諸羅縣志》）。

清領台灣之後，也積極對平埔族人施以漢式的教育，讀書習字自是最重要的一項，更設置社師，專門負責這項職務；「南北諸社熟番，於雍正十二年始立社師，擇漢人之理通文理者給以館穀，教諸番童。巡使按年巡歷南北路，宣社師及各童至，背誦經書。其後歲科，與童子試，立知文理，有背誦詩、易經無訛者，作字立有楷法。」（六十七《番社采風圖考》）。

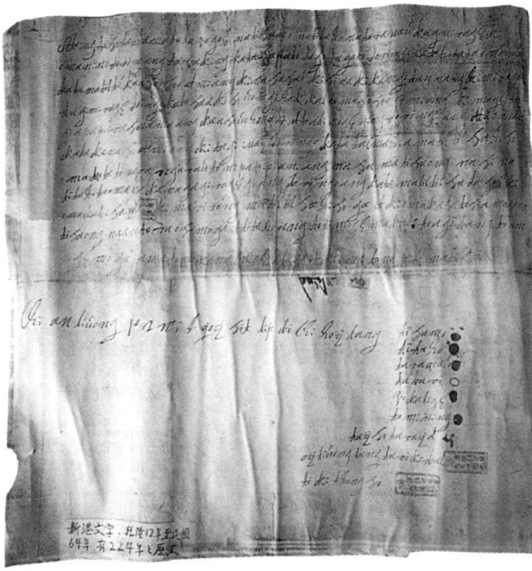

●西拉雅族人學習羅馬文字，留下來的「新港文書」。

殘存文化

歷經過千年的變革以及不斷更迭的外來統治者，再加上漢文化強勢的入侵，平埔族人能固守的文化委實太少了，然而不管如何，今天在這個土地上，仍驕傲地堅持著自己民族的尊嚴，持續著先祖留傳下來的文化，在這個快速流行的社會裡，他們甚至連一粒沙都不是，但堅持與執著的精神，卻最令人感動。

這幾年來，南來北往的平埔族田野工作經驗，讓我有機會親炙這些純真、自然又具原始精神的平埔族文化，每每令我感動起伏，可惜卻一直沒有較多的管道讓社會有機會廣泛來認識。每年台南地區的平埔夜祭，雖也吸引數千甚至數萬人參加，卻全都只是探問奇風異俗的心情和態度，如此又怎能真正認識和我們血脈相連的民族呢？

接下來的部份，介紹的是南北平埔族羣中至今仍存的文化，若是各族羣都通行的現象，則不註明某個民族，特別註明族羣名者，當然是指該族羣或某社特有的文化。

●不起眼的小祠，可能就是平埔族殘有的文化（圖爲屏東內埔的老埤公廨）。

●台南東山吉貝耍的小公廨。

公廨

平埔族人傳統的生活方式，以漁獵為主，兼作旱稻，社會結構以部落為單元，公廨則為部落中人民活動的重心。

舊時公廨的功用相當廣泛，「番社前蓋茅亭一座，進則館舍三間，名曰『公廨』，土目、通事會議決斷之所，日夜撥番夫二人守候。凡輶夫經過，停驂信宿及一切公文往來，撥遣飛遞，不違晷刻，無曠風雨；趨勸供役，踴躍恐後……」（六十七《番社采風圖考》）。

漢人勢力主宰台灣社會以後，平埔族的公廨漸失去其功能而被廢，或改建成漢人的廟宇，今全台僅餘西拉雅族人仍保有若干公廨，建築的質材大都改用磚瓦或鋼筋水泥，形式也仿漢人的家屋或紀念館，功能則僅餘單純的祭祀與信仰而已。

▶台南白河險潭和安雅族的公廨。

▲台南大內鄉的頭社公廨，爲現存西拉雅族規模最大的公廨。

阿立祖

●西拉雅族的阿立祖漸出現牌位。

平埔族基本上是屬於靈魂崇拜的民族，對神明的觀念大多來自祖靈，西拉雅族人則將單純的祖靈崇拜，提昇為守護神的崇拜。

阿立祖即為西拉雅族人的守護神，或稱為阿日祖、阿立母、太祖、尪祖、老祖……。祭祀的方式有二，部落共有的阿立祖，則供奉於公廨之中；個人私祀的守護神，則奉於家中或供於汽車上。大體而言，並不塑神像，也不立神位，大都以象徵物代表，如祀壺、豬頭殼或將軍柱等。

由於各部落的系統不同，阿立祖的祭日也有多種，台南縣佳里鎮立長宮，四社聖和廟的祭日在農曆三月廿九日，東山鄉東河村的夜祭於九月四日夜，大內鄉頭社村的平埔夜祭，則在十月十四日夜間，屏東縣高樹鄉泰山村的公廨，例於十一月十五日早晨舉行阿立祖祭典。

●花蓮地區西拉雅族人供奉的壁腳佛。

壁腳佛

西拉雅族人為了個人信仰以及工作、旅行的需要，可將阿立祖分靈供個人私祀，他們將阿立祖供奉在外出工作的場所，或者在家中，守護全家大小。

供奉在家中的阿立祖，並不是奉祀在大廳正面的神龕上，而是神龕左側的角落，西拉雅族人認為這才是大位，由於就在牆壁一角，乃俗稱為壁腳佛。大滿亞族的社人，則將祀壺奉於客廳供桌底下，名稱同樣是壁腳佛。

壁腳佛雖是西拉雅族人的守護神，禁忌也相當的多，諸如不能穿草鞋進客廳，不能在客廳中吐口水，說不敬的話與不敬的舉止，更不能放屁……，造成族人頗大的困擾，日治時期，日人實施客廳改正計劃時，許多族人乃趁機將壁腳佛請走，如今家中仍供奉壁腳佛者，已寥寥無幾了。

祀壺

西拉雅族人的祖靈崇拜之中，祀壺可謂是最特殊且最具代表性的東西。

祀壺也就是祭祀的壺甕，壺或甕的大小、造形、質材、顏色並沒有限制，只要是開口縮小的壺體便可，大至大水缸，小至醬菜罐，甚至有塑膠製的飲料罐之例，有人認為這乃是女性崇拜的一種象徵。屏東地區也有些變體的祀壺，改用一般的飯碗，內盛水並置幾片九芎葉。

被供作祀壺的壺體，內都裝有清水，上插有I-hing（澤蘭）或菅芒葉，屏東地區的馬卡道族人，則在壺口插圓仔花、雞冠花及芙蓉葉；此為最原始的造形，後來因受到漢人文化的影響，壺體上纏有紅線，甚至全部裹緊紅布，上繡有珠串，掛著閃閃發亮的金牌。

對於西拉雅族人來說，祀壺基本上就是阿立祖的化身，不僅在公廨中可以見到許多祀壺，子弟們家中供奉的壁腳佛，也都是一只祀壺……，祀壺實可謂是西拉雅族人的圖騰。

●東河小公廨中用塑膠飲料瓶充任的祀壺。

▶白河六重溪公廨供奉的五個大祀壺。

▼尪姨和祭司們圍在祀壺四週，以舉行祭典。

隨車祀壺

台灣社會的文明與繁榮，雖使得阿立祖的信仰日漸式微，但在少數幾個西拉雅族文化仍維持相當完整的地方，阿立祖不僅是祀人堅奉至高無上的神，更可化身千百，在不同的場合中，隨時守護祀人。

隨車祀壺可說是阿立祖發揮靈感，因應現代社會需要而生的信仰。繁忙、緊張的現代社會，快速的交通工具已成現代人的必備，但也因為快速，常生許多意外，輕者受傷，重者喪生，許多人為求平安，都會祈神保佑，或在車上奉香火袋，或置平安符，甚至供奉神像……。西拉雅族吉貝耍祀人，就在車上奉置小型的祀壺，形制、質材不一，內仍插I-hing，不明究裡的人往往認為只是裝飾性的花瓶，卻不知是請阿立祖坐鎮，一路守護祀人行車平安，進出如意。

轎車或卡車前座置有祀壺，機車上無法安置一個小瓶子，祀人就在把手處，用繩子將一些I-hing繫在其上，以象徵祀壺，同樣是請阿立祖庇佑平安順利之意。

●擺在車內的祀壺，謂可保行車平安。

I—hing（澤蘭）

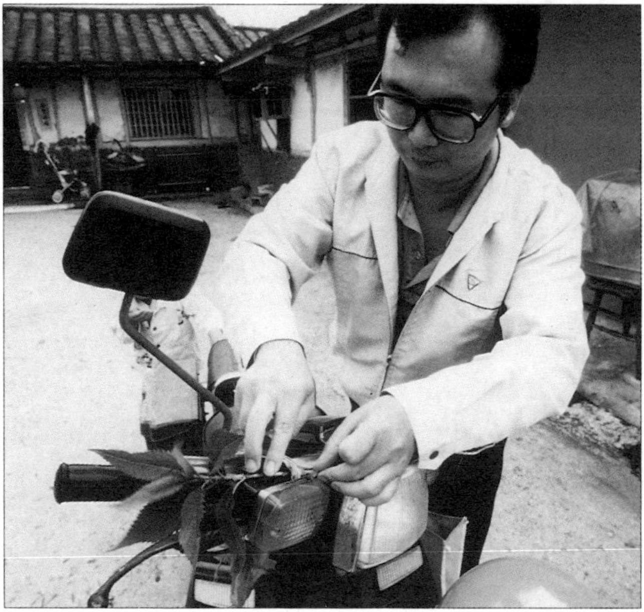

●機車前插一支澤蘭，作用和祀壺一樣。

西拉雅族人崇奉的祀壺之中，都必須插一片青色的葉子，或為菅芒葉，或為甘蔗葉，或用雞冠花、圓仔花及芙蓉葉等，僅吉貝耍及少數其他部落社人插I—hing，不管是公廨中供奉的祀壺，或者家庭私人的奉祀，每個壺上必插有這樣植物，且必須經常換水以維長青，如果枯萎了表示家運即將不濟，應立刻更換新I—hing，以免厄運降臨。

吉貝耍部落中，花圃、路邊以及公廨四週隨處可見的I—hing，何時成為吉貝耍社人的祀壺象徵物並不可考，I—hing則為社人的稱呼，漢人稱作澤蘭，為多年生的草木植物，方形莖一般不分枝，外有稜角，內中空，葉為交互生，呈披針形邊緣並長有尖齒，開白色的小花，輪撒的花序密集生長在兩葉之間，漢人廣泛應用在中藥上，可通經活血，消腫破瘀，效用頗佳。

外表看起來毫不起眼的澤蘭，在西拉雅族吉貝耍社人的心目中，卻如聖樹一般尊貴。不過離開吉貝耍，澤蘭的地位就不那麼重要，甚至任何樹葉都可替代使用。

响水

西拉雅族人崇祀的祀壺，除了是祖靈的象徵，公廨中的大型祀壺，也是阿立祖囚禁向魂（類似漢人的好兄弟）的地方，壺中盛裝的清水，則為响水。

每一個部落，每年都有一個時間，舉行開向禮，表示釋放壺中的向魂之意，過後一個月左右，則行隆重的夜祭或嚎海，祭典之後另擇一日禁向，同樣將向魂囚禁回壺中。

祀壺中的响水，必須至固定的河川請來，平常每逢初一、十五，都有換水禮，以保持水的清淨，以免冒犯祖靈，開向之後，平埔尪姨或巫師先在壺中作法，响水可供善信們飲用，傳可治療各種疑難雜症。

●飲用响水，傳可治各種疾病。

●埔里巴宰海人供奉的番太祖。

番太祖

漢人對於平埔族人的祖靈，大多加上「番」字稱之，如「番仔佛」或「番太祖」，最常見的例子為西拉雅族系的阿立祖，此外，埔里蜈蚣崙部落的巴宰海族人，另供有一尊番太祖神像。

埔里巴宰海族人供奉的番太祖，也是由祖靈崇拜繁衍而來的，由於當地接近泰雅族人的部落，兩族為圖生存，經常會發生互相對峙的情形，巴宰海族人武力較弱，為利族人奮力抵抗，自然創造出祖靈助陣擊退泰雅族人的傳說，使族人對祖靈的崇祀愈加。後來為因應信仰的需要，更塑起了神像，方便民眾祭拜，因無以名之，乃俗稱為番太祖。

著清裝，手持大刀的番太祖，明顯地說明了埔里的歷史與原住民間的衝突，更是台地平埔族人信仰中最特殊的一例。

馬艮廟

噶瑪蘭族殘存的文化中，並沒有祭祀或信仰中心，唯在加禮宛社中，出現一座馬艮廟，成為這個民族最特殊的先人崇祀祠廟。

位於現今五結鄉季新社區入口道路旁的馬艮廟，實原稱馬鄰廟，社人因仍存對馬鄰地的懼怕，乃改作馬艮廟。緣起於七〇年代，社區蓋活動中心，挖出一批枯骨，社人判斷應為先人遺骨，乃建一小廟奉祀，而成為噶瑪蘭族中，唯一供奉先人遺骨的祠廟。

礁溪的玉光村，則是噶瑪蘭族馬僯社的舊址，村中有一條路名叫馬僯路，道旁也有一座奉祀無主枯骨的有應公廟，稱「馬僯社萬善堂」，小小的有應祠，外貌毫無特殊之處，但神碑上巨大的「馬僯社」三字，說明了這個小祠埋藏了許多噶瑪蘭族人以及流失的文化。

●馬良廟每天都有族人自動前來清掃。

巫師

平埔族的社會中，巫師往往扮演部落重要領導人的角色，他們的任務多且廣，一般以女性為多，但也有男巫。

大體而言，巫師的任務從主持祭典，驅逐邪靈，消災治病，禳災祛禍到做向施法，幾乎無所不包，周鍾瑄修《諸羅縣志》載：「作法詛咒亦名向。先試樹木立死，解而復蘇，然後用之。不則，恐能向，不能解也。不用鎖鑰，無敢行竊，以善向故也，擅其技者，多老番婦。」陳淑均修《噶瑪蘭廳志》載：「若暴死者，如遇戕害或溺於水之類，則通社延請北投（番道士），羣哭水涘，念咒施法，拍腿禳逐。」大概說了一些平埔族巫師的任務與法術。

一九九一年，宜蘭縣政府邀請流亡後山的噶瑪蘭族人返鄉，特別舉行的追魂舞，以及他們回到留留社，在Gusu下自動跳起祭舞時，巫師都扮演著主導的角色，令人印象深刻。此外便僅西拉雅族還存有尪姨以及埔里巴宰海族的番婆鬼傳說。

●噶瑪蘭族的女巫，引導族人跳祭舞。

Gusu（橄仔樹）

噶瑪蘭族人的部落中，常植有高挺巨大的Gusu，不僅成為辨識部落最重要的地標，甚至更發展成噶瑪蘭族人心目中的聖樹。

這種噶瑪蘭語稱Gusu的高大喬木，漢人俗稱為橄仔樹或西洋橄欖樹，應為台灣原生的大葉山橄，並非一般常見的橄欖樹，是一種枝粗幹壯，高挺葉茂，分枝不多，在頂梢分枝的巨木，每年春初開花，盛夏時果熟，果實不同於一般的青橄欖，為長橢圓形，果肉多汁，可用來解暑，果核相當粗大，可直接栽種長成幼株。

被譽為「謙沖、虔敬、率直、認真」（徐惠隆《蘭陽的歷史與風土》）的Gusu，相傳是當初馬偕醫師來噶瑪蘭傳教時，帶給噶瑪蘭人的，也有研究者指出，為台灣原生的大葉山橄。噶瑪蘭人習慣栽種在家宅附近，目標明顯的Gusu遂成噶瑪蘭人聚落的指標。清道光年間，部份噶瑪蘭人流亡花東海岸，也帶了Gusu南移，同樣植在家宅附近，世世代代陪伴著噶瑪蘭族人。

●留留社的林阿粉老太太，親手採Gusu送給我。

▶Gusu的樹葉和果實。

▼花蓮立德部落所植的Gusu。

平埔尪姨

舊時西拉雅族的女巫師，每個部落都同時擁有許多位，戰後由於傳承困難，已愈來愈難見，有的部落以男性擔任，有的部落根本就沒有了，蕭壠社的女巫師，則稱作尪姨，因易與漢人的紅姨混淆，特別以平埔尪姨稱之，以為分辨。

平埔尪姨的產生方式，因時代及不同部落之別而不大相同，有的從小訓練產生；有的是在老尪姨退休之前，起童指定而生；也有為謀生，自習巫術而成尪姨者。平埔尪姨的主要責任是負責公廨的整潔與祭典，民眾要祭祀、祈求、許願、還願、拜契……任何問題及儀式，都可透過平埔尪姨獲得解決。

除了公共性的事務，具有法力的平埔尪姨，更是社人求巫問醫最好的管道，舉凡開路、建置、驅邪、淨穢以至於問姻緣、卜事業、占米卦……尪姨都可透過巫術的力量，為社人解答迷津，並獲得解決。

●隆田公廨中的「番仔」尪姨。

●圖爲東山吉貝耍的尪姨李仁記，替人解運的情景。

螺錢

西拉雅族的尪姨，手上大多會帶著一只螺錢，舊俗中新尪姨第一次參與祭典時，都要行乞螺錢之儀。

以玉或古貝製成的螺錢，「皆漢人磨礲而成，圓約三寸，中一孔，以潔白者為上，每圓值銀四、五分，如古貝式，各式皆然。」（黃叔璥《台海使槎錄》），至於乞螺錢的儀式，劉斌雄教授於六〇年代做田野調查時，還曾記下完整的過程：「大尪姨不拿老君矸而左手拿一碗水領頭，五個尪姨依照順序繞圈而唱：『清水清靠靠，要來玉皇大帝面前乞錢寶，清水清灑灑』，一直唱到起童為主，此時就有一個螺錢會從屋頂飛來掉入大尪姨手拿的一碗水中，此螺錢即繫在新尪姨的左腕上。」（〈台灣南部地區平埔族的阿立祖信仰〉）。此外，在私人的祭祀中，也有乞螺錢之俗，乞得的螺錢就掛在婦人手上。

隨著平埔族尪姨的日漸稀少，乞螺錢的習俗已久不可見，但在一些老婦人的手腕上，仍可找到一些掛了幾十年的螺錢。

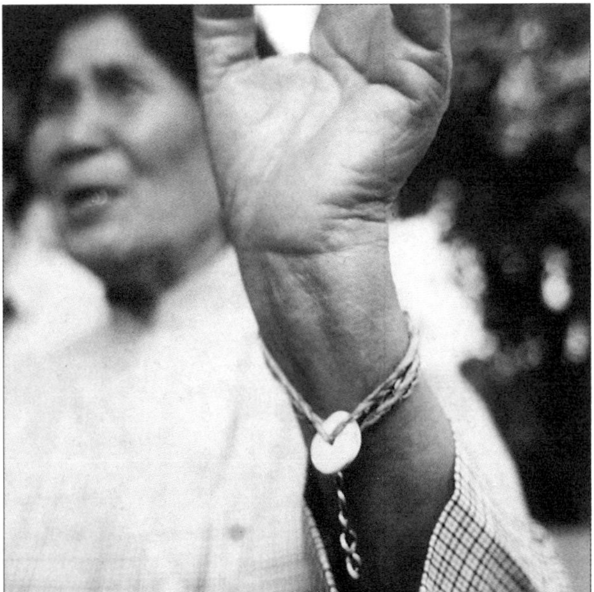

●掛在西拉雅族婦女手上的螺錢。

●已謝世的報導人潘郡乃先生，對番婆鬼的傳說，了解甚多。

番婆鬼

平埔族的女巫師，除了為社民解惑脫困的平埔尪姨，也有許多因私利而危害他人，甚至以公共事務為敵者，埔里地區傳說中的番婆鬼，便是著名的一例。

埔里地區的巴宰海族傳說中，番婆鬼是一種會飛行、夜間出沒、能將眼睛換成貓眼，經常危害社民安全的惡女巫。傳謂番婆鬼必須借小孩的心臟來增加法力、經常施法將婦人背後揹著的孩子用畚箕換走，後來婦人不敢再將孩子揹到身後，而改揹在身側或胸前。又謂番婆鬼想要的東西，非得到手不可，否則便害當事人生怪病或肚子痛，非求她不能解決。

番婆鬼也是施咒、放蠱的能手，經常害人無數，成為眾人嫌惡的對象，只是，這一切都只是傳說而已，今天，根本沒有任何人曾見過番婆鬼，她們的傳說卻在埔里地區相當盛行。

放蠱

令人又愛又怕的平埔族巫師，本身具有無窮的法力，可以催魂，替人治病，也可以害人性命，此外還有一種特殊的放蠱術，至今仍鮮活地留存在遺老的記憶中。

平埔族傳統巫術行為之一的放蠱，是一種唸咒施法的行為，巫師選定特定的對象，如一棵樹或一大片果園，以秘術施咒放蠱之後，非獲得他的允許或解除放蠱，任何人動了放蠱物上的任何東西，便可能腹痛不止，嚴重者甚至因而喪命。放蠱的對象也可以針對人，相傳某人被巫師放蠱後，便可能不吃不喝，直到瘦弱而亡……。

方志中曾記載「田園阡陌，數尺一杙，環以繩；雖山豬、麋鹿弗敢入。漢人初至，誤啖果蓏，脣立腫。」（周鍾瑄《諸羅縣志》）的放蠱術，在噶瑪蘭族以及中部許多族羣的記憶中，

一直都是相當不愉快的經驗，而這經驗，也許就來自先人被放蠱所害而形成的吧？

●宜蘭辛仔罕社的報導人彭金水先生，接受訪問談巫師的放蠱術。

巴律令

平埔族各族羣過年的儀式都不大相同，噶瑪蘭族人的新年有一特殊的儀式為巴律令，至今仍留存得相當完好。

靈魂崇拜的噶瑪蘭族人相信，過年前的三天午夜，祖先的靈魂會回到家裡與家人團聚，每個人都必須淨身迎接祖靈。黃昏之後，家家戶戶都緊閉大門，女主人將長有雞冠的公雞打死，連著全身的雞毛放到灶中燒烤，直到全部毛都燒光，再取出肝和內臟，切成許多小塊，加上年糕和糯米飯、紅酒、白酒，統統擺在大灶上，用來祭祀祖先。

夜深時分，家人全部圍在大灶邊，依照長幼順序，每個人分別將雞內臟、年糕、糯米飯……等，取一小塊放在供板上，分斟紅酒及白酒在小杯中，謂向祖先致敬，全家人都行禮如儀後，將供板連祭品擺在廚房的門楣上，請祖先慢慢享用，家人則聚集在客廳烤火喝酒，午夜之後，家長用手指沾酒，在每個人的額頭上劃咒，表示舊年已過，新年降臨。

●花蓮壽豐鄉的陳抵帶老先生（已過世），每年都舉行巴律令。

▲巴宰海族人都準備豐富的祭品，熱鬧慶祝九月戲。
◀新爐主於祭典結束，要把番太祖請回家。

九月戲

台灣中部的埔里地區，由於地理位置特殊及一些因緣巧合，成了台灣中部平埔族羣的再移民地，小小的盆地中，共聚居了巴宰海、道卡斯、貓霧捒、和安雅及巴布拉等五個族羣。

原居東螺社的貓霧捒族人，遷到埔里林仔城之後，受困於缺水的環境，乃聽從漢人的建議，到彰化南瑤宮請媽祖來出巡，沒想到竟得到豐沛的水源，別的部落看到這情形，也接著迎媽祖，不久形成每年輪流迎媽祖的盛況，每個村庄輪流迎一次，從九月初一到三十日，各庄也輪流做戲，而成九月戲。

因平埔族人競相迎媽祖而來的九月戲，戰後被迫統一在九月初一日舉行，熱鬧的景況也大不如前，但仍是平埔族人一年一度的大祭典。蜈蚣崙部落，每年都要請番太祖出場，祭後並擲筊選出新爐主。

●迎神隊伍一個部落迎過另一個部落。

●噶瑪蘭的女巫替人治病的巫術，是為做向。

做向

移居到埔里盆地的平埔族羣，每年例行的祖靈祭中，大體包括三個儀式：一是做向，二為走鏢，三才是眾人同觀的牽田。

包括貓霧捒族、巴宰海族及道卡斯族的做向，實為一種迎接祖靈的儀式。祭日前，社民必須先到祖先的靈地，以虔敬的心情迎接祖靈回家，並設靈位於正廳中，敬備各種豐盛的祭品以為祭拜，一方面是請先人驗收接下來子弟參加走鏢的成果，更要請祖先同享祭典的歡樂。

宜蘭及花東地區的噶瑪蘭族人，也有做向之習，卻是女巫們替人醫病的巫術，患者需準備一粒檳榔，二支火柴，三粒米和一根香煙，經女巫師施法唸咒後，將這些祭品和向魂送到村子外，病人便可痊癒。

走鏢

賽跑型的祖靈祭，是中南部平埔族羣祭典中特殊的風俗，保有此項俗稱走鏢的舊俗者，有道卡斯、巴宰海、貓霧捒、西拉雅等族。

所謂走鏢，乃是一種青少年的賽跑比賽，比賽當天，參加賽跑的青少年一大清早便起身，不吃早餐便到指定的地點集合，長老們說明走鏢的路線，由五人或七人一組，跑到折返點才回來，優勝者可獲得花布或彩旗，族人更認為是最高的榮譽，大家都會攜帶酒、肉和米糕前去祝賀，通宵達旦，不醉不歸。

走鏢可謂是青少年的競賽式體能訓練，從小就讓他們善於和大自然搏鬥，此外，也是解決人與人之間糾紛的最佳方法，「……盛其衣飾，相率而走於境，視疾徐為勝負，曰『鬥走』。或社眾相詬誶，則以此定其曲直。負者為曲。」（周璽《彰化縣志》）。

如今走鏢的習俗雖已絕跡，然這個名稱卻成福佬人稱賽跑的稱呼，再次印證漢人受到平埔族文化影響之深遠。

●西拉雅族吉貝耍社，嚎海之後偶而會來一段競跑比賽。

●盛裝的噶瑪蘭老人，準備參加祭典。

追魂舞

噶瑪蘭族的祈安祭中，有一種相當特殊的追魂祭舞，戰後失傳了近四十年，八〇年代末才在阮昌銳教授及花蓮新社地區長老等有心人士的努力復原下，重新恢復生機。

舊時分成五天舉行的祈安祭，第一天是求告各戶協助驅邪，第二天一大早，要爬到屋頂上請神幫忙驅魔，第三天及第四天，則進行追魂舞及返魂儀式，第五天報告平安，喜訊供大家共享。這個祭典相傳沿自一對相依為命的姐妹，妹因貌美被邪魔攝去其魂，姐姐乃四處求告，終於感動神靈授給她追魂之舞，救回妹妹靈魂，此後慢慢發展轉變為替社眾祈安治病的祭舞。

追魂舞節奏緩慢，歌聲低沈，氣氛哀怨淒涼，類似南部地區的牽曲，惟其動員的人較多，祭場中還設有一間靈屋，做為巫師祈安追魂之所，全部舞曲約兩個鐘頭才結束。為台地平埔祭舞中，最複雜的一個特例。

●噶瑪蘭族的追魂舞，場面動人。

●東山吉貝耍社的夜祭，保有較多的西拉雅族原味。

夜祭

傳統的平埔文化中，每個民族都有自己的祭典，包括春耕祭、狩獵祭以及豐年祭……等，各族羣與各部落的祭期也不一樣，可惜今天已不復存在，僅存規模完整，按舊例舉行的平埔族祭典，以東山鄉吉貝耍公廨以及大內鄉頭社公廨的夜祭最具代表性。

吉貝耍公廨以及頭社公廨祭典，其實都是豐年祭，但因都在夜間舉行，且通宵達旦，都俗稱夜祭。兩個部落的祭期並不相同，前者於農曆九月初四夜，後者於十月十四夜，祭典都從入夜以後展開，主要的活動包括點豬、獻祭、牽曲、禁向……由於祭典的風格與漢人迥異，每每都吸引許多好奇的觀光客們前往參觀，八○年代末，由於平埔族研究的風氣漸開，許多居住在其他地方的平埔後裔開始對自己的身世背景產生懷疑，也有不少人借著夜祭機會前來尋根，希望能找回真正屬於自己民族的歷史與文化。

●頭社夜祭，可以看出許多漢人的影子。

噴酒禮

西拉雅族人對於阿立祖的祭祀，保有許多原始的習俗，如不用香火，以檳榔、糬、粄和酒為祭品，更以噴酒禮做為敬祀阿立祖的最敬禮。

傳統的阿立祖祭典，完全不用香和金紙，相傳是因阿立祖尚自然，忌火氣之故，只是習俗受到漢文化的嚴重侵襲，多數的公廨都設置了香爐，新建了金爐。

噴酒禮更是自古以來祭祀阿立祖的最敬之禮，子弟們來到公廨中，跪在神案前，奉上檳榔和米酒，喃喃禱祝之後，拿起酒瓶輕啜一口，然後用嘴噴向神案，重覆兩次後，第三次則回頭噴向身後，如果平埔尫姨或巫師在場時，也會含酒向祭者噴三次，表示阿立祖將庇佑祭者之意。

由於受到漢人香火文化的侵襲，噴酒禮也隨著香爐的增加而日益少見，現今仍存典型的噴酒禮，僅東山鄉吉貝耍等少數幾處而已。

●子弟們輪流噴酒向阿立祖致敬。

●䊅（右）和粄（左）爲西拉雅族最傳統的祭品。

䊅和粄（Pang）

傳統的阿立祖祭典中，䊅和粄（Pang）是最具代表性的祭品。

䊅音mai，是一種近似漢人米糕的米製品，「每家必須備辦檳榔、䊅、酒挑往『公界』中供養。何曰䊅？係用白米或禾米和荳炊之，其名曰『䊅』……」（《安平縣雜記》）。粄音Pang，也是一種米製品，但經過輾米，炊熟，類似漢人的粿，但為白色，無甜無鹹，有些人不做粄（Pang），則製作甜、鹹兩種粄以為替代。

在漢文化的嚴重影響之下，原屬必備的䊅和粄（Pang）已漸不多見，許多地方都改用油飯、粽子甚至是紅龜粿代替，此外，芋、甘薯、栗粥也是傳統的祭品之一，屏東縣高樹鄉的泰山公廨，還有一種特殊的加禮（傀儡）粿，乃是用芋葉包米炊至熟爛，當地人視為祭祀阿立祖的上品。

▶獻豬的子弟，將豬交給巫師代替阿立祖點收。

▼點過的豬，當場就在公廨後屠殺。

點豬

著名的頭社夜祭，先是由巫師在神案上換上新的紅布，供上祭品，換紮祀壺外的紅布等工作揭開序幕。至於第一個高潮卻是點豬。

點豬乃是代替阿立祖點收子弟們供奉的豬隻之意。準備夜祭時獻豬還（許）願的子弟們，在黃昏之前都會將活的豬載到公廨前，約在八點過後，頭戴花環的巫師來到豬前，子弟們則手捧托盤，上置一瓶酒，站在豬旁，巫師來時，一方面遞上酒，同時報出自己的名字與還（許）願事由，請巫師代向阿立祖禱祝後，將酒灌入豬口中，即為點豬。

點豬之後，接著要殺豬，地點就在公廨後的大灶旁，過去因用竹筒刺入豬喉而成人們注目的焦點，今則改用豬刀殺豬，並將這竹筒豬血供在神案旁，直到第二年開向日才拿走。

祭典要結束之前，巫師也會起童，生吃擺在供桌上的豬血、豬肝或豬肉，意為代表阿立祖接受子弟奉獻的牲醴。

東河的公廨雖同樣舉行夜祭，卻不自己殺豬，點豬的儀式也較簡略。

●祭典結束前，巫師起童代表阿立祖接受牲醴。

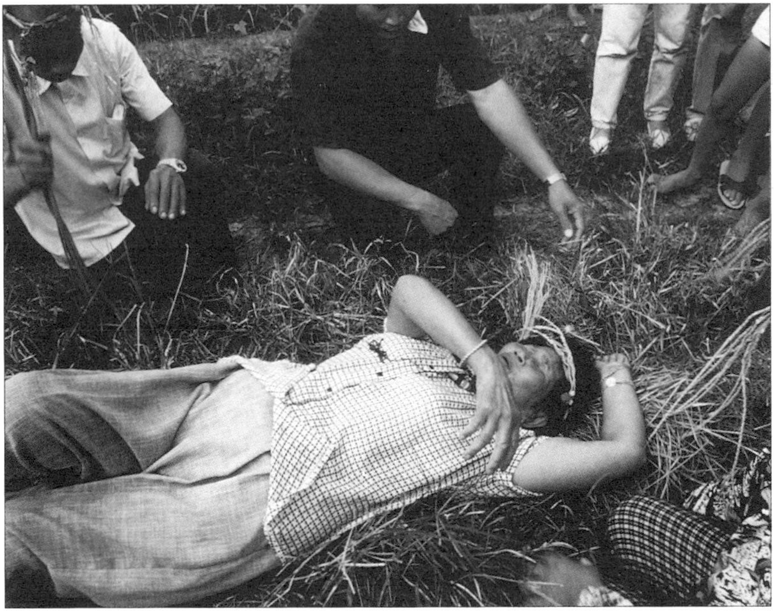

●尪姨嚎海，爲吉貝耍祭典的最高潮。

嚎海

現存的平埔族祭典儘管不多，但因各社羣不同，祭典中也會出現許多的差異性，東山鄉吉貝耍公廨的嚎海祭，是個特殊的例子。

吉貝耍公廨於每年的九月初四夜起舉行祭祀與牽曲，到第二天天亮，祭典並未結束，而以第二階段的嚎海接續。嚎海祭都在中午舉行，社人們需先挑許多祭品到公廨西南方五十公尺的產業道路上，面朝西南方的大海方向。平埔尪姨則在路中央擺置兩片香蕉葉，上奉祀許多白色的祀壺。過午之後，平埔尪姨先向祀壺行三次噴酒禮後，其他的祭司與社人也一一前來做「三獻」，平埔尪姨隨即唸咒作法，外圍則有少女們圍著牽曲。過了十幾分鐘之後，平埔尪姨突然起童，手持著尪祖拐，跑到擺置祭品的最前端，癱倒在地上哭嚎起來，祭司和社人們則跪在一旁，仔細聽著阿立祖的訓示。

●尪姨手持著代表權威的尪祖拐。

尪祖拐

東河公廨的祭典中，平埔尪姨手上常持著一根奇怪的拐杖，稱為尪祖拐。

頭部像蜘蛛結網，呈雙環狀，以老藤為材的尪祖拐，平常就供奉在公廨內或平埔尪姨家神案左邊的祀壺旁，祭典時也僅平埔尪姨能取來使用，它實為阿立祖的象徵，也成為吉貝耍部落中權威的圖騰。

尪祖拐不僅代表著權威，也含有無窮的法力，平埔尪姨要起童、行巫、卜卦或者替人醫病時，也要借重尪祖拐的力量。社人傳說中，更有許多尪祖拐靈驗無比的事例，許多人都曾打造金牌感謝之，如今每逢祭典，平埔尪姨也都會把所有的金牌拿出來，掛在尪祖拐上以凸顯它的光采。

花環

花環是平埔族許多族羣舉行重要祭典或牽曲之時，必佩帶的飾物，至今的西拉雅族祭典中，族人仍戴圓仔花環以牽曲。

花在舊時平埔族人的生活中有多種意義，它是族人計算時曆的指針，「番無年歲，不辨四時，以刺桐花開為一度。」（六十七《番社采風圖考》）；也是男女的定情之物，「番女年及笄，任自擇配。每月梳洗，麻達（未娶者）有見之屬意者，饋鮮花，贈芍歸荑，備極繾綣……」（同前引）；在日常生活中，婦女們亦常會在髮際插上幾朵香花。

祭典中戴花環，一方面是高興歡喜，同時也表示自己為部落子民的身份，各族編織的材料不大相同，巴布拉族大肚社人甚至是編成腰帶繫在腰部，其他各族都編為頭飾居多。

現存的西拉雅族花環，則以甘蔗葉為材，上綴澤蘭葉及圓仔花和雞冠花，一般都俗稱為圓仔花環。

●頭戴花環的西拉雅族少女們。

牽曲（田）

牽曲也稱牽田，是台灣西部平埔族羣特有的歌舞，西拉雅族人稱為牽曲，屏東的馬卡道族人，則稱作跳戲，中部各族則名為牽田，名稱雖異，都同樣是豐年祭中的重要祭舞。

南部西拉雅族的牽曲傳係渡海來台之初，遭受七年苦旱，阿立祖傳授給族人的祈雨之歌；中部地區的平埔族羣，則為單純的新年歌舞，但在整個活動中，仍有涉及先民渡海故事的部份，顯見平埔族人的始祖傳說，有許多都跟渡海有關。

不管是牽曲或牽田，舉行的時間大都在晚上，眾人聚集在部落的廣場（或公廨前廣場），由未出嫁的少女或婦女皆可，頭戴圓仔花環，大家交互牽手圍成一圈，哼唱著古老的祭歌，跳起簡單的舞步，平埔尪姨或巫師則手持草葉在圈中攪動响水，替大家解厄……。

除了追念祖先的功績，牽曲往往也是青少男女擇偶的最佳時機，如果在牽曲時，遇到合意的對象，可直接坦誠的表白，被拒絕也不會不好意思。

●頭社的牽曲，最爲完整可觀。

●東河嚎海祭典前，也需要先牽曲。

阿立祖船

和吉貝耍社同樣以九月五日為祭期的台南縣七股鄉番阿塭公廨，傳為蕭壠社祖最初的登陸地。吉貝耍公廨的嚎海，便以番阿塭為方向，番阿塭本身，每年更要燒送阿立祖船，而成為平埔族文化中，另一個特例。

番阿塭公廨的阿立祖船，實為一紙糊的小船，形制則仿曾文溪流域的王船而製，但大小不及十分之一。許多平埔族的傳說中，先人乃自外島搭船而來，番阿塭社民約在戰後初期，於祭典之際特別糊一紙船，載運先人靈魂回原鄉，初放入河中任水流漂走，後來明顯受到燒王船文化的影響，乃改以火焚，目的也改成送阿立祖回「唐山」。

燒送阿立祖船大多在夜半十一點以後，所有祭典告一段落，才由廟的主事者請示阿立祖，獲蒙允許，才將船移到右側的空地上，旁邊疊上許多金紙，放一把火，不到幾分鐘，小小的紙船便遊天河去了！

●七股番阿塭公廨的送阿立祖船，全台僅見。

完工

噶瑪蘭族人的傳統風俗中，舉行任何一件大大小小的活動或祭典之後，都必須另行一個完工儀式，以示活動有頭有尾。

無論是舉行全部落的祭典、個人的喜慶宴會、喪葬法事，或者團體的外出旅遊，噶瑪蘭族人都必須另外舉行完工儀式，顯示了他們對完工意義的重視，儀式的內容，大體可分為三個部份，包括捕魚，檢討和聚餐。

完工儀式之始，參與的年輕人都要到海邊或河裡捕魚，它的意義有二，一是捕些魚供大家食用，更重要的則是借機傳授給年輕一代捕魚的技術。捕魚儀式之後，大家圍在一起，一邊討論先前舉辦過活動的優缺點，年輕的族人則一一向族人敬酒，一方面借以認識族中的長老或長輩，同時也告訴族人，自己的名字和家族，以獲取族人的認同。

檢討會議結束後，婦人們已經把早先捕的魚和其他食物煮好，並依年齡階層分為四份，分別是：長老、年輕男人、出嫁婦人和少女們四個單位，大家依自己的階層組織，圍繞在屬於自己的食物前，由長老或領導者帶領大家祈禱後，大夥席地而坐，享受一頓豐富的佳餚。

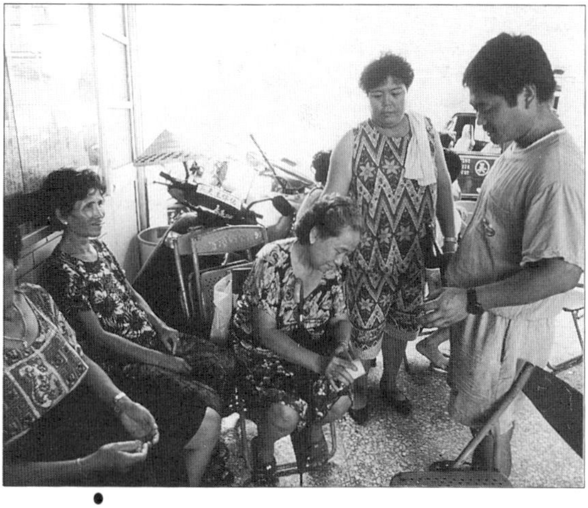

●趁著大家開會討論，年輕人輪流向長輩敬酒。

●完工聚餐前，長老帶領大家祈禱。

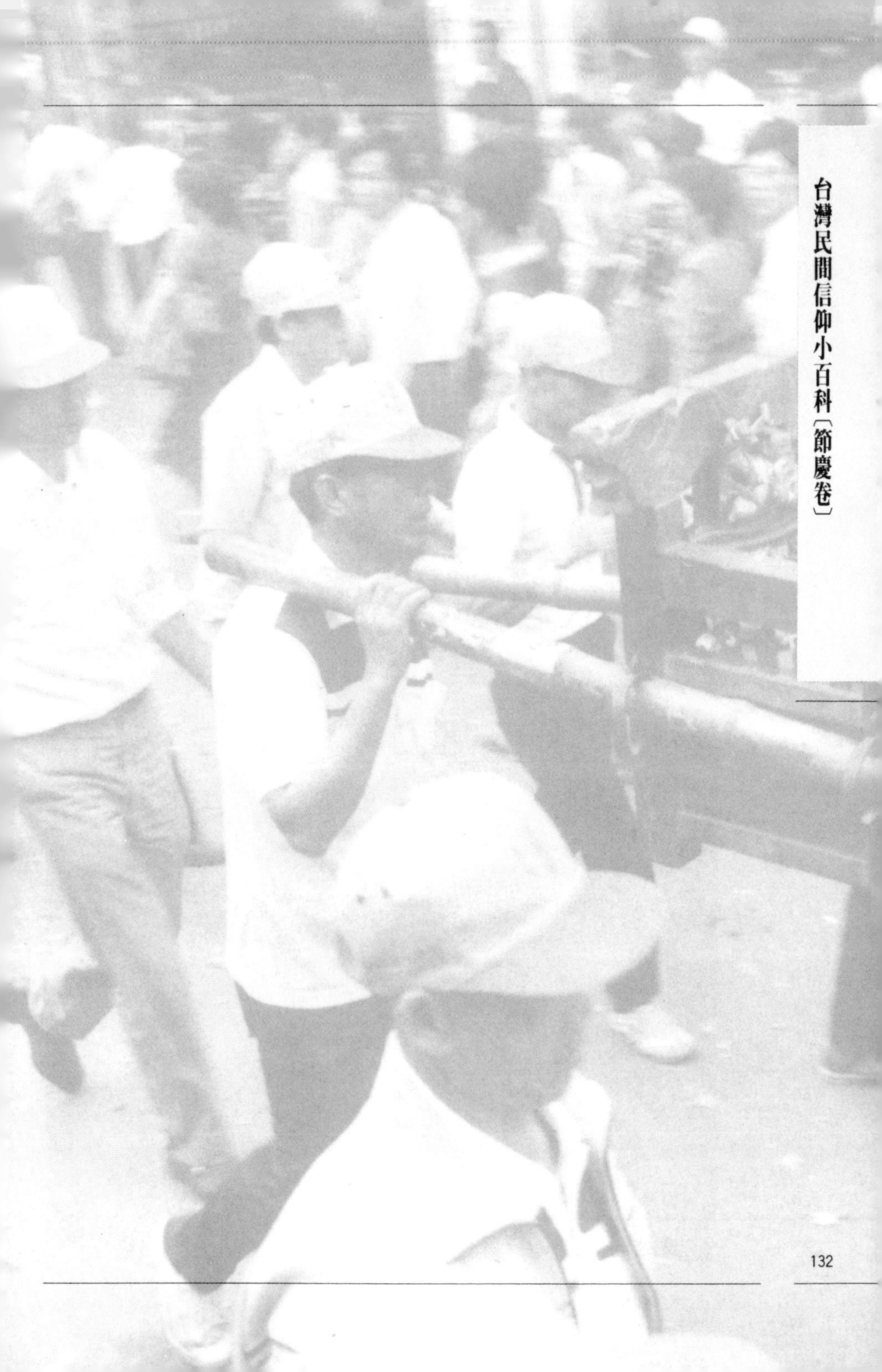

2／歲時慶典

行春

新年期間，一切行事都要討吉利。大年初一，選定良辰吉時打開大門，叫做開正；選個吉利方位走出去，叫做出行；到左右鄰居或朋友家互訪，叫做行春。

行春實是相當有趣的名詞，字面上來看，無非是行走出春天，也希望這種互訪，把春天帶給親朋好友。舊社會中最親密的，其實就是這些互訪的行為，拉近了人與人之間的關係，也密契了宗族、社會的情誼，濃厚的人情味，也就因此而生。

現代社會中，許多人都抱怨人情淡薄，也許是因為我們太吝於拜訪朋友。

趁著新年，何不也去行春一番？

春花

傳統年俗的吉祥象徵物中，春花是相當普遍且討人喜愛的一項。原為福佬人習俗，取「春」、「偆（剩）」同音而象徵新年愈剩的春花，在台灣也同樣被客家人以及中國各地移民接受，新年期間，家家戶戶莫不買一兩朵春花回家，插在神案上，祈求春風得意，年年有剩。

舊時人們插春花的習俗，有一定的規矩，「煮米飯一碗，上插以紅春花，置案頭，曰過年飯，取食有春飯之意。」（周璽《彰化縣志》），此俗至今仍流傳著，現代人更廣泛的使用春花，發糕上、神案前、土地公的石碑上、天公爐上以及牲醴祭品上，都可以看到春花的蹤影。

除了運用的廣泛，春花的形制也大不相同，傳統的春花上剪有一「春」字，另結一朵小花，改良的春花或剪龍、剪鳳，或剪葫蘆，或剪人物，或以塑膠製成，或以紙糊成，或用保麗龍做成，各式各樣，任憑各種不同喜好的人挑選。

●新年期間，春花是最討人喜愛的吉祥物。

春聯

春聯是台灣新年風俗中，最重要的表徵，人們都於除夕之日，在門口、窗前、米缸、雞舍、豬圈以及家中其他適合張貼之所，貼上鮮紅的春聯，一方面表示新年到來，同時也可討喜氣和吉祥。

傳統的春聯，明顯的源自中國，民間相傳最廣的習俗為朱元璋建立明朝後，賜給文武大臣各式各樣的春聯，命人貼在門口，還微服出巡，遇一閹豬者為春聯之詞句所苦，乃親對「雙手劈開生死路，一刀割斷是非根」賞賜給他，此後中國新年期間貼春聯的風氣大興，漢人移民來台後，也將春聯之俗帶到台灣來。

也有人認為春聯乃桃符演變而來，最初為寓告驅鬼之用，後來才逐漸發展為鮮紅討喜的新年象徵物。如今台灣的春聯，大都以七字為對，字體及質材變化多端，為應新式公寓人家貼春聯之不便，許多吊掛式的刻花春飾紛紛出現，至於在較老的社區及傳統農村，新年期間仍可見到許許多多揮毫書寫的春聯。

●街市所販售的春聯。

●貼在門楣上的五福紙。

五福紙

新年期間，另一種張貼在門口窗上，也代表吉祥和喜氣的，就是五福紙。

五福紙又稱五福符，它和春聯最大的不同包括形式及內容，一般的春聯都為左右兩聯，另有一橫幅張貼在門楣上，五福紙則僅五張長約二十公分，寬約十公分的紙條，下方剪刻成雲彩狀，中有鏤空刻花，上半部則印有「福」字或福祿壽三仙，張貼時五張並貼在門楣下緣，使其垂於門上，風起時可隨風飄動。

客家庄最為普遍的五福紙，一般只在大門口上並貼五張，其餘的偏門、側門、小門以貼三張為多，窗上則貼三張或一張，客家人則還在供奉的龍神案前以及屋旁的土地公石碑上，貼上五福紙，一方面顯示人神同慶，也更為了祈求五福臨門！

門前紙

門前紙是台灣南部客家地區，新年期間特有的風俗，可謂是春聯的附屬品，更顯示出早年台灣客家人生活的困頓以及勤奮的個性。

用天公金摺成，長約十五公分，寬約五公分，中黏有紅紙的門前紙，兩張為一對，張貼春聯時，先將春聯貼在門稍外的地方，內留一小位置，供門前紙張貼之用，待過了年初三之後，客家人必撕掉門前紙，在門前放火燃燒，俗謂「火燒門前紙，各人尋生理」，意指門前紙撕了，表示年過完了，每個人要開始尋找自己的生計。

火燒門前紙的習俗，顯因客家人生活困頓，別人可以放假到初五、初六，客家人到了年初三便要開始謀生計，卻又不宜撕下春聯，以免觸了霉運（家裡有人過世時，才有將春聯撕下之俗，否則都任其自然損壞），因而衍生了門前紙之俗，撕下門前紙等於告訴子弟，要開始好好為新的一年奮鬥了！

●美濃客家人特有的門前紙。

長錢紙

客家人在新年期間，張貼在門上之物，除了春聯、五福紙、門前紙之外，也有些地方會在門上分掛兩串長錢紙。

長錢紙大多為紅紙製成，上面不寫任何文字，卻以剪紙的方式，將之剪成一個個相連接的菱形如銅錢狀鏤空之長紙條，一般都是兩條為一對，分別掛在左右門楣上，風來時可隨風起舞，相當好看。

裝飾味道重過一切的長錢紙，掛上去之後就不撕下來，一直要等到它自然損壞為止。由於長錢紙美觀又討喜，也常被應用在其他喜慶場合，尤其是寺廟的慶典時，常被用來當作最主要的裝飾之物。

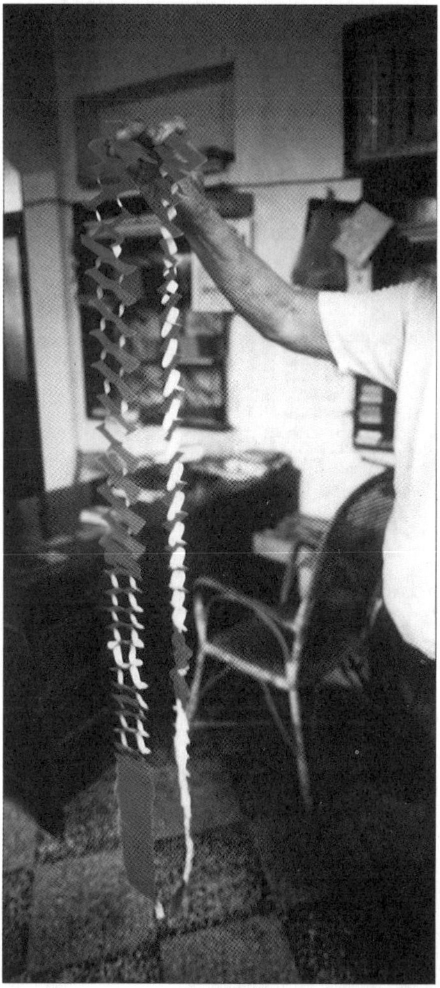

●剛製作好的長錢紙。

燈鈎神話

傳統社會中，有一個關於「恭喜」源起的神話是這樣說的：舊時人們冬至時，都必須備湯圓祭拜灶神、門神、床母、井神……等，卻因忘了燈鈎（油燈），燈鈎懷恨在心，向玉皇大帝告狀說人們罪大惡極，如不毀滅，必有後患，玉皇大帝竟然被妖言所惑，命令造化之神於該年除夕毀掉世間，另造新世界，這個消息給其他神聽到了，趕緊派人去向玉皇大帝說明原委，並經灶神據理力爭，世界才免於刼難，人們在安渡過該年的除夕，開春一早，也就互道恭喜……。

燈鈎的神話認真說來，反映了二件事情，一是舊時物神崇拜的觀念相當普遍，任何可用之物，都是人們敬祀的對象，二則同時警告世人，小人讒言也許一時有效，但長久必遭識破而一文不值。

●燈鈎神話，相當有趣。

●傳統的台灣人，新年期間喜歡玩四色牌。

新年之娛

長長的新年假期裡，許多無所事事的人都以打牌或賭博消遣，擺在家裡的方城之戰不說，鄉間許多寺廟的前埕廟庭，公開聚賭的情況更處處可見，東一桌、西一桌，熱鬧非凡，甚至有一座廟埕中公開擺上幾十桌的盛況，成了另一種特殊的年景。

新年期間，許多人以賭為樂其實是一種誤導，舊時人們在新年期間，玩象棋、四色牌或者麻將……，重要的意義在於聚會及娛樂，也有人以這些棋具占卜未來一年的運氣，謂之占春，純粹以輸贏預測新年的運氣，絕無賭博的意味。

從娛樂到賭博，如果按舊時的說法，把新運都賭得精光，那豈不得不償失？

●新春期間，許多人都希望去搶開爐香。

開爐

新春期間，善男信女們都會到寺廟行香，一方面向神明道賀新春，同時也為自己祈求新的一年諸事大吉大利，有些地方的人們更認為，新春第一個到廟裡燒香者，特別吉利，必可獲得神明特別的庇佑，不少寺廟在年初一大清早便擠了許多香客，大家都希望能在香爐內插上第一柱香——也就是開爐香。

台南縣南鯤鯓代天府，還有一項特別的神佛開爐活動，於正月初四中午舉行，廟方備有開基五府千歲、虎將軍、佛祖、註生娘娘、中軍府、福德爺、城隍爺、萬善爺等十二類神祇五十八尊，供善信以事先登記，當天擲筊的方式，依得筊多寡，按序迎請各尊開爐神佛回家供奉七天，民間相信新春若能迎回開爐神佛，必可保佑一年順利，每年參與的善信達千人之上，可謂台地最熱門的新春開爐活動。

沖天炮

新年期間，許多人家的春聯寫的可能就是：「爆竹一聲除舊歲，桃符萬戶更新年」，說明爆竹本就是新年期間，最具代表性的民俗物品。家家戶戶在開春之時，都必須燃放爆竹以迎新年，商店行號於開工或開業時，也放爆竹以祈生意興隆，萬事亨通。

傳統的爆竹之外，許多新式的沖天炮、煙火炮、響笛炮、旋轉炮、蝴蝶炮、水鴛鴦、小蜜蜂……種類繁多，燃放時或在空中散放火光，或發出奇異聲響，或會旋轉飛行，變化多端，令人驚奇，吸引無數孩童甚至青少年們的興趣。

每年過年之前，各地的雜貨舖中，都可以買到各式新鮮好玩又刺激的新式爆竹，除夕之夜起，隨處可能流竄出的炮聲，正是大人小孩們燃放這些爆竹的傑作，政府單位也以公共安全及個人危險的理由禁止販售及燃放多年，效果幾近全無。

●各種新式爆竹，在新年期間廣受歡迎。

噴春

新年期間，街市處處洋溢熱鬧之情，許多迎神賀喜的隊伍也紛紛出籠，一方面希望給新年帶來一些熱鬧歡欣的氣氛，同時也希望借此機會，賺得一些賞錢。

民間常見的賀喜隊伍，最具傳統特色的應屬噴春，吳瀛濤撰《台灣民俗》載：「開正時，及新正期間中，每有『噴春』之鼓吹隊（三、四人為一隊之小樂隊），三三兩兩，挨戶在門口廳堂，吹奏吉祥音樂，如『天官賜福』『滿福天官』等曲為賀。禮賞之以紅包。」。

近年來，噴春隊伍較不易見，卻出現個人的噴春行為，由一人持嗩吶，至家戶門前吹一小段喜慶音樂，便伸手向人要錢，若不給錢，還不肯走人，甚至口出惡言，實已變質為惡質的乞丐。

●挨家挨戶噴春行乞的人。

弄獅隊

新年期間，大家都希望有個好采頭，最好不要動怒也不要罵人，加上人們手頭上都較寬鬆些，因而自古便有人借著這個機會四出行乞，「……有巡回街內，演八仙、慶賀、千金送子等吉祥戲目者，也有乞丐手執『搖錢樹』（榕樹枝懸掛串紅線的古錢），口唱：『狀元子，舉人孫，一文分，生查埔（男）孫』『新正大發財，錢銀湧湧來』等吉句乞錢。」（吳瀛濤《台灣民俗》）。

現代社會中，上述的例子較為少見，卻冒出了許多三五人為一組的弄獅隊，新年期間挨家挨戶舞一段獅子，以贏得賞錢者，更有些較惡劣者，一人也成獅隊，隨手搖兩下獅頭，也敢伸手要錢。

除了弄獅隊，舞龍隊也頗受歡迎，但龍隊規模大，成員多，大多是應某些商家行號或行政機關的邀請而來演出，較少出現挨家挨戶舞弄行乞的例子。

●伸手要錢的弄獅隊。

財神爺

新年期間，自古以來便有許多假借各種名目行乞的人，這些行乞者扮演的角色，隨著時代的不同與社會普遍的需要，也出現許多不同的變化，財神爺便是七、八〇年代以後，最常出現的行乞者之一。

所謂財神爺，乃是由真人充扮，身穿古裝（戲服），頭載文官帽，並掛上鬍鬚者，造形頗像野台戲扮仙中的福仙，為了怕人不知他是財神爺，手上大多持一布軸，上書「招財進寶」字樣，新年期間，挨家挨戶唸些「財神到，財富盈錢庫」之類的吉祥語，然後便伸手要錢，若是主人不給，這些財神爺可能馬上翻臉成惡言相向的兇煞。

除了新年期間，民間大規模的迎神賽會中，也常可見到弄獅、噴春或者財神爺，跟隨著迎神隊伍四處行乞，一個個輪流伸手向擺設香案的主人要錢，多者甚至達一、二十人，規模大者還真令人受不了。

●戴面具行乞的財神爺。

四季籤

移墾建立的台灣社會，村庄往往就是一個命運共同體，村子裡的人彼此禍福與共，對未來的命運也懷有共同的期待，尤其在每年新年之初，他們藉著抽四季籤，一起預卜未來一年兇吉順利，更表現出彼此命運一體的特色。

四季籤又稱公籤，是新年之初為公眾抽出的籤，用以預卜農村漁牧、士農工商、各行各業未來一年是順境或逆境，機會是好是壞，人畜平安與否。四季籤都在村庄的角頭廟抽出，各廟於舊曆年底，都會將籤筒存封，表示過年不讓善信抽籤，待大年初一或初四（各地時間不大相同），再由地方大老或廟方住持，舉行開籤儀式，並為大家抽出多支公籤預卜各行各業的情形，由於抽的籤甚多支，每抽一支之前，一旁則有人喊道：「現在抽早冬籤！」，抽起的這支便象徵第一季稻作的好壞。

每個村庄居民的生活形態不同，四季籤的內容也不同，農村抽出的大都預卜四季的收成如何，漁村重視的是氣候與漁撈，商市重視的當然是交易是否興盛……，四季籤可謂是最能反映村落現況的民俗現象。

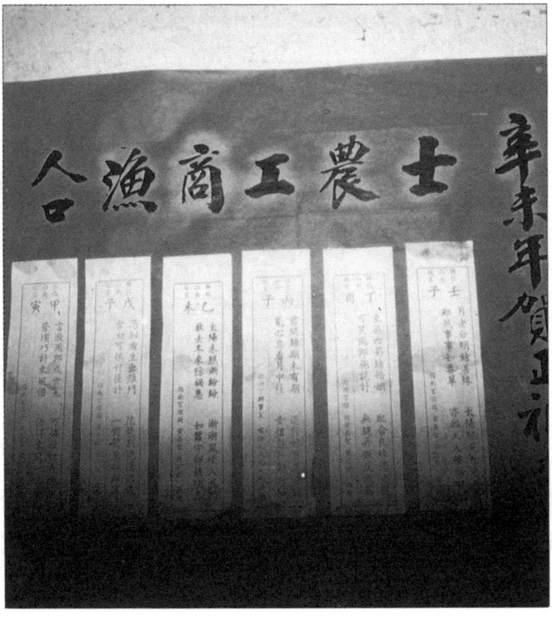

●每個地方的四季籤，所求的內容都不同。

●抽四季籤時，寺廟聚滿了關心的信徒。

燈座

燈座是祭祀玉皇大帝特有的民俗用品，為玉皇大帝臨時的神座，民間拜天公必得具備，以示隆重。

台灣的民間信仰中，地位最尊，權位最高的玉皇大帝，祭祀之禮也和他神大不相同。祭祀之前夕，全家便得齋戒沐浴，次日凌晨，廳前搭設頂下桌，擺置好燈座及其他祭品，以示隆重虔誠，舊時「凡是有不滿十六歲男童的家庭，就要製作和男童年歲相同的燈座……」（鈴木清一郎《台灣舊慣冠婚葬祭與年中行事》）。

用紙糊成橢圓筒狀的燈座，上印有玉皇神座及各式吉祥圖案，內包有天公金、金白錢等，三個為一付，代表玉皇大帝臨時神位，南部地區的燈座分三顏色，中間黃色代表天公，左側青色象徵南北斗星君，右側紅色為三界公神位，祭祀時同樣三個並立，置於拜天公的頂桌，祭拜結束送神時，全部放到天香鼎中焚燒，意謂送玉皇大帝返回上蒼。

●燈座的象徵意義重大。

頂桌、下桌

民間祭典中，若對於同時祭祀的對象，有尊卑之分，則會用頂桌及下桌的擺設，來區別不同位階的神明。

頂、下桌的佈置，最常出現在天公誕辰的祭典中，家家戶戶在家裡正廳或大門口擺設祭壇，在長板凳上疊起八仙桌，就是專為祭祀玉皇大帝而設的頂桌，桌下再設有下桌，以祀其他神祇。

頂、下桌祭奉的對象不同，擺置的祭品也有明顯的差別。一般而言，頂桌以供奉齋果麵粿為主，如五果、六齋、壽麵、壽桃、清茶、清酒、紅龜、紅圓……等；下桌則擺設三牲五醴、紅龜粿粄等物。

祭祀天公之外，民間也於中元普渡擺頂下桌，卻為區分祀神和祭鬼，「普渡當日，各舖戶亦盛祭祀祖靈及無緣佛。祭壇，頂桌拜地官大帝及地藏王，下桌拜孤魂……」（吳瀛濤《台灣民俗》）。

●頂、下桌擺的祭品不同，祭祀的對象也不同。

●現代式灌模製造的糖塔。

糖塔

用糖製成，外形如佛塔般的糖塔，也是民間祭祀活動中常可見到的祭品，祭祀神祇大多在比較正式隆重的場合，如拜天公或搭壇建醮，另在長輩壽誕時，兒孫們也獻糖塔以賀高壽，舊式的結婚禮俗中，嫁妝中也有糖塔，祝福小倆口如糖塔般甜甜蜜蜜過一生。

用細糖煮成糖汁，再倒入模型中冷卻成塔型的糖塔，顏色相當多，造型也不相同，簡單的僅兩、三層，造形單純；複雜者多達六、七層，每層都有浮雕的花鳥人物，塔的造形與傳統建築毫無二致，也有製成龍鳳造形的糖塔，栩栩如生。可惜晚近市售的糖塔，都為灌模的簡單造形，手工雕刻的華麗糖塔早不可見。

糖塔的數量，都為單數對，如一對、三對、五對等，其中三對和五對為多，三對稱為三秀，五對俗稱五秀。

●新年立甘蔗於廟門口，稱長年蔗。

甘蔗

民間舉行隆重的拜天公之儀時，在頂桌之前，都會用甘蔗結成圓拱門狀，此外在喜事吉慶之期也常會見到甘蔗，它雖不是直接的祭品，卻寓意從頭到尾，甜甜蜜蜜，很受民眾們的歡迎。

除了祭桌前的甘蔗，這項甜蜜的水果出現最多的場合，就在婚禮的迎娶儀式中，人們用留頭帶尾的甘蔗，祝福新人一生甜蜜恩愛，有始有終。此外，其他的許多場合，如求壽、祈福、拜天公、出鳥母宮、普渡……以至於新年時期，人們也廣泛地使用甘蔗，象徵吉祥圓滿，諸事大吉。

婚禮或祭典中的甘蔗，一般都會用紅紙紮裹著頭及尾部，一方面顯示它的特殊用途，同時更可增加美觀。

掠魚栽吟唱

新春期間，本就是台地民俗活動最多且最熱鬧的時期，近年又因經濟繁榮，社會各界普遍對文化活動的需求也較高，因而有不少寺廟，都會在這段期間，舉辦熱鬧精采的民俗文化活動，以吸引觀眾。

始於一九九三年的鹿耳門文化祭，是台南市鹿耳門天后宮舉辦的一項大型的文化活動，其中有一項相當特殊的掠魚栽吟唱，乃是將生活中的習俗，結合於寺廟文化之中，相當有意義。

掠魚栽吟唱為養殖魚業的漁民們，於每年春季，魚苗盛產時，必須撈捕販賣給需要養殖的人，但魚苗不能用秤的，必須一尾一尾的數，為了打破數魚苗的無聊，他們就發展出邊數邊吟不同的小調，一方面排遣寂寞，同時每吟唱到某一曲調，便表示魚苗有多少數量，實一舉數得。

春天剛生的魚苗，不僅小且身體往往是半透明的，有經驗的漁人卻利用一雙利眼，加上獨特的吟唱調，把枯燥的工作變得生動有趣，實不得不令我們敬佩民間的智慧。

●人民的生活，往往是智慧的展現。

春牛

立春是農業社會中最重要的日子，現今因社會型態的轉變，立春較不受重視，但立春拜春牛的習俗仍留傳至今，甚至成為台南地區，新年至元宵期間，一項重要的民俗活動。

傳統農業社會人們對春牛的期盼，是來自對幫助農耕獸力的需求，「立春之前一日，有司塑春牛，置於東郊之外，至日往迓，謂之迎春……春牛過處，兒童爭摸其耳，或鞭其身，謂可得福。」（連雅堂《台灣通史》）。

至今台南土城的聖母廟，每年新春期間，仍會製作一頭春牛，供善信們摸耳、摸頭、摸尾甚至摸睪丸，每摸一樣都有不同的寓意。到了元宵當天，廟方更要舉辦迎春牛及鞭春的活動，先是將春牛迎出去遊街，然後再請地方首長或民意代表，主持鞭春活動，也就是鞭打春牛三下，以激勵大家新年開始，要努力工作。

●自古立春便有祭春牛之俗。

●客家添丁人家，要在樑上添燈。

添燈

添燈是台地客家人新年期間特有的風俗。正月十三日，為客家舊俗中的添燈日，添丁的人家，要在這一天在燈樑上掛起一對新燈籠，並開燈點火，表示慶祝新丁之意。

傳統的客家建築中，正身廳下（祭拜祖先的正殿）進門第二（或第三）根樑下，會有一根埋在牆壁中的樑，這根樑乃是專門用來掛燈之用的，稱之為燈樑，又客家話中的燈跟丁同音，添燈日也等於添丁日，過去一年之內，若有添男丁的家族，都會在正月十三日這一天，買兩盞大燈籠，正式掛在燈樑上，以示慶賀之意。

近年來客家的慶丁之俗已較少見，但傳統客家大宅中的燈樑仍在，許多都還高掛著燈籠，彷彿在緬懷舊時代對新丁的渴求吧？

花燈

花燈是台灣元宵節中最典型的民俗物品，民間賞花燈之俗非但至今仍未消退，近年更因觀光事業日益發達，花燈製作愈加繁複，花燈的展示之所也愈來愈多，各地的花燈盛會，都吸引了非常龐大的遊客羣。

台灣的花燈盛會，起源甚早，清代時也具相當的規模，「初十夜放燈，逾十五乃止，門內外各懸花燈。亦有閒身行樂數輩為伍，製燈如飛蓋狀，一人持之前導，絲竹曲以次雜奏，遨遊市街……更有裝束昭君婆姐、龍馬燈之屬……」（周鍾瑄《諸羅縣志》），至日治時，元宵的花燈已和藝閣結合，形成動態的花燈表演，蔚為奇觀，戰後花燈重新發展，今除傳統的花燈，各種以現代社會形貌、重要議題或重大建設的電動花燈，更是處處可見，新年至元宵期間，吸引了成千上萬民眾的遊覽觀賞。

●元宵遊賞花燈的人，川流不息。

迎燈

元宵節是新年之後第一個民俗節日，自古以來民間便有賞花燈的習俗，台灣人更時興於元宵節之夜，提著燈籠上街夜遊，點綴一整個元宵夜的熱鬧景緻。

提燈上街出遊，俗謂迎燈，或稱迎鼓仔燈。舊時的元宵花燈種類繁多，有「寺廟的綵燈，商舖的走馬燈，兒童的骰仔燈，鼓仔燈，蓮花燈，關刀燈，田蛤仔（水蛙）燈，獅仔燈，狹球燈，戰艦燈，汽船燈等；有手執、拖行、有大有小，有點火燭，有點小燈泡等，爭奇奪勝。」（吳瀛濤《台灣民俗》），而這千奇百怪的花燈，泰半都是自製的，兒童提在手裡，更添幾許元宵的濃郁氣氛。

八〇年代以降，社會的富裕與繁榮，也讓台灣的元宵節走向富裕化，許多電動的花燈矗立在各廟前，成了另一種景緻，孩童手上雖然提著各式各樣的花燈，卻完全是塑膠形成的東西，舊時利用現成素材製作的花燈之趣，已經很難看到了。

●自製的燈籠，迎燈上街，樂趣倍增。

▶製新丁粄的婦人們，一大早就開始忙做粄。

▼廟埕擺滿新丁粄的盛大場面。

新丁粄（餅）

元宵時節，台中東勢地區的客家人要舉辦特殊的賽新丁粄，比賽分五個廟舉行，使得整個東勢市街形成一種特殊而熱鬧的元宵景象。

新丁粄，福佬人稱新丁餅，並不是元宵節專有的民俗食品，而是每年定期慶生特有的產物，農業社會時代，寺廟為維持正常的運作，都會向信仰圈內的善男信女收取福份錢或丁口錢，這些出錢的人，也等於是寺廟的信徒代表，彼此有事也都會相互連絡，每年神誕或特定的時間，在過去一年之內添丁的人家，則會製作新丁粄（餅）分送給其他福份的人，讓大家同沾喜氣，充份顯示農業社會的人情味，而東勢的新丁粄會，還藉以比賽誰家做得大，公家還會準備賞金獎勵，形成了一種比賽，更增添了熱鬧性與趣味性。

台灣各地的新丁粄（餅），形式及材料不一，分發的時間也不相同，但大都只添男丁（尤其是長子或長孫）才做餅，生女兒或孫女則省略，直到近年，才有少數人家添了女兒也做餅讓大家同慶，顯示社會重男輕女之俗，逐漸在改變之中。

●參加福份者，每人都可挑這麼多粄回家。

▶澎湖馬公山水北極殿著名的黃金龜，還會走路。

▲元宵之夜，吸引許多觀眾前來看大龜。

乞龜

元宵期間，台地更盛行乞龜之俗。龜古來就被視為長壽的象徵，民間素喜於喜慶之時製作紅龜以增吉祥，寺廟於元宵時節，製作許多紅龜或麵龜供善男信女們乞求，意為善男信女添福壽之意。

龜的種類繁多，有麵粉製的麵龜、麵線製的麵線龜、花生糖製的花生龜、用蛋蒸成的蛋糕龜、用米包疊成的米包龜、用金錢疊成的金錢龜以及黃金打造而成的黃金龜……，數量相當龐大，每每總吸引無數的善信們流連穿梭，熱鬧非凡，元宵龜會早成台地重要的民俗之一。

乞龜的方式不一，有些廟備龜數百，只要得一聖筊者便可帶一隻回家與家人共食；有些廟僅有巨龜而無小龜，由聖筊最多者獲得；也有些廟兩者皆有，完全視善信的需要而定。乞得壽龜者自有還龜的義務，且必須加倍奉還，因此有些地方的巨龜已達千斤以上，可見善信對此俗的重視。至於那些賴皮不還者，寺廟則將他們的姓名以及所乞得的龜大小，公告於寺廟的牆壁上，民間俗稱為「龜上壁」。

●大海和米龜，構成澎湖最獨特的元宵盛景。

燈謎

燈謎或稱燈猜，或猜燈謎，為傳統元宵節俗中，至今仍相當盛行的一項，乃是將謎語書寫貼在紙燈上，供人猜射，猜中者便可揭下紙條，主辦者並敲鑼打鼓以為慶賀，並致贈獎品給猜中者，沒有猜中的人，也感染歡樂的氣氛而一起同樂。

舊時的台灣，由於詩社發達，文人雅士喜於元宵之夜出題供人猜謎，所出的謎包羅詩詞經文，地名人物，風土景緻，成語諺語，流行語言……等，自古以來一直頗為盛行，元宵之夜燈謎台前，總是擠得水洩不通的人潮，競相猜謎，蔚為韻事。

現代社會的猜燈謎活動，雖簡化為一般性的猜謎活動，出題的技巧漸漸庸俗，然而每逢新年之後，許多的報紙便競相舉辦各種紙上燈謎大會，雖是廣告的延伸，卻也是另一種現代式的猜燈謎，猜中者當然也有獎品，此外，部份地方的寺廟，元宵之夜還是會有現場猜燈謎晚會，吸引善男信女。

●猜燈謎是自古留下的雅事。

●炸轎之俗，南北都可見。

炸轎

台灣的元宵節，有迎寒單爺的民俗，相傳也就是財神爺的寒單爺，於元宵當天都要出巡四境，特別喜歡到訪經商人家，商家若能準備鞭炮予以迎接，則謂可獲財神爺庇佑生意大發，財源廣進。

民間迎寒單爺的習俗，有「愈炸愈發」之說，乃是在寒單爺來訪時，商家準備的鞭炮，點燃猛往寒單爺轎轟炸，炸得愈多就愈會發財，台東地區的迎寒單爺，都由真人扮演寒單爺，而成台地最特殊的炸轎盛會。

台北北投、野柳、宜蘭、礁溪、南投、嘉義等地也有類似的活動，唯他們的主神並非寒單爺，而是當境的主神或土地公，主要的重點仍是炸轎，也都深信愈炸愈發。除此外，由炸轎繁衍的類似活動還有轟炸舞龍隊及醒獅團的炸龍及炸獅等等。

天燈

台灣新諺說：「北天燈，南蜂炮」，意指北部地區的天燈和南部的蜂炮，可謂現代元宵節俗的兩大盛會。

堀起於八〇年代末期的台北縣平溪鄉十分寮天燈盛會，本是一件山區的地方性活動，因拜都會台北人生活單調，眾人擠去大開眼界之賜，而成為最新、又時髦的元宵節俗，九〇年代開始，許多地方也學著平溪放天燈，且數量都達四、五百個以上，場面之壯觀令人稱奇。

天燈是用紙糊成，口圓袋方的東西，開口架有一十字交錯的鐵絲網，在上面綁上沾有煤油的布或棉花，點火燃燒後，紙袋中的空氣變熱後上昇，便將整個紙袋帶往空中，紅紅的一團火包在白紙袋中，看起來就像是燈籠一般，因而乃稱為天燈，其因外型也似三國時代的孔明帽，亦稱孔明燈。

放天燈的由來眾說紛紜，有謂禦敵說，有謂高昇說，張祖基等撰《客家舊禮俗》則謂：「正月半喊做上元節，一斷暗（入夜）就極多的人放孔明燈，來卜一年的吉凶，放得高就作為一年光景會順適，若使放唔（不）高，或者被火燒開，就作為會唔（不）吉利。」。

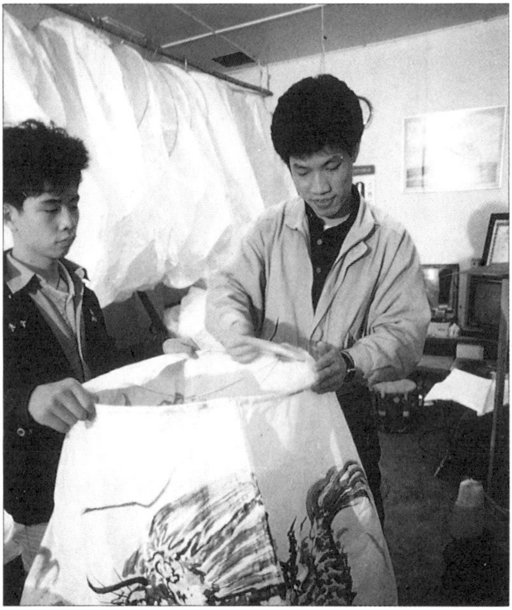

●天燈能否飛得高，跟製作技術有關。

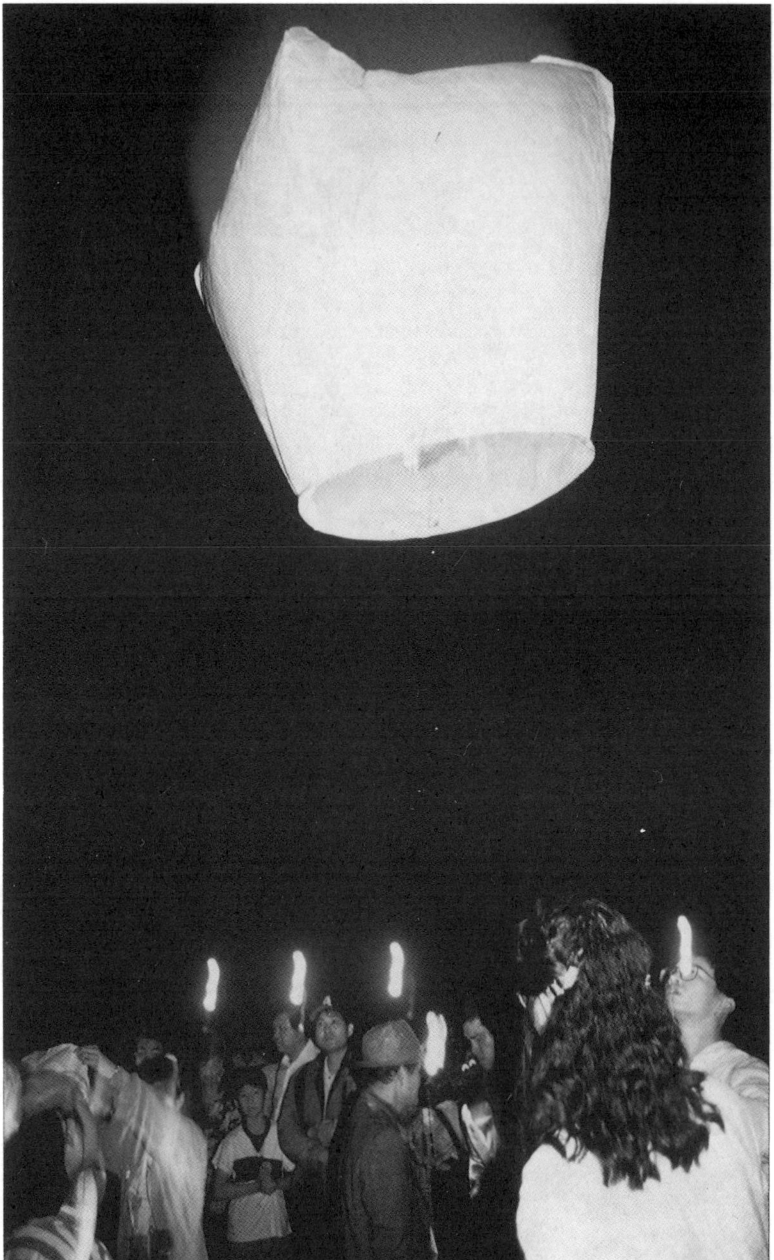

●天燈漸在許多地方流行起來。

蜂炮

蜂炮是戰後台南縣鹽水地區最重要的元宵盛會，每年均吸引數十萬人參與，至九〇年代初，原本僅在元宵夜舉行的放蜂炮大會，改為在十四、十五兩夜舉行，人們依然把鹽水市街擠得水洩不通，如癡如狂。

以強大火力以及各種花樣變化，成為吸引群眾焦點的蜂炮，是將不同火藥的沖天炮經過設計串聯，點燃之後萬發齊放，並依不同的火藥而變化出不同的圖案，因擺設串聯沖天炮的地方也要特別設計成蜂巢狀的炮台，以利所有的沖天炮能同時發射，因而得名蜂炮。

原始的蜂炮傳說，傳為關帝君出巡逐瘟，居民瘋狂放鞭炮迎接，顯然跟元宵炸轎活動同出一源，因鹽水人更具創意，發展出了這項變化無窮，美麗動人的蜂炮盛會。

●蜂炮燃放的場面，最爲壯觀。

土地公戲

農曆二月初二日，為土地公的生日，也是舊時人們春祈秋報的春祈之期，人們除了準備豐盛的祭品，祈求土地公庇佑作物順利生長，以期秋天能有豐美的收成，許多人更在這時候請戲為土地公演出，稱之為土地公戲。

每年二月的土地公戲，都是善男信女自動為表示酬神而演出的。規模稍大，香火鼎盛的土地公廟，每年都有許多人謝戲，多者甚至可連演一個月以上，形成一特殊的戲劇季，因而稱土地公戲，由於土地公為角頭廟又兼半人羣廟的廟神型態，信徒缺乏字姓組織（極少數也有字姓組織），演戲的型態和字姓戲按字姓輪流大不相同，土地公戲的順序大都以請戲的先後（向廟方登記）為準，另也有酬神者全部登記之後，以抽籤決定先後順序的。

●不論劇種，爲土地公而演的戲都稱作土地公戲。

●美濃的二月戲，已漸沒落。

二月戲

台灣人的掃墓習俗，福客兩族羣在時間上有相當大的差異，福佬人大多於清明前後掃墓，客家人卻早在元宵之後半個月內掛紙完畢。戰後此俗受到工商業社會的影響，大多集中在元宵到清明間的假日舉行，美濃地區的客家人紛紛選擇陽曆三月廿九日，不僅形成全鎮之慣例，更發展出獨特的二月戲。

陽曆三月廿九日，大多在農曆的二月，二月戲之名乃因此而來。美濃人於當天早上掃墓完後，午後及晚上，則在鎮上的河岸上搭壇設案，祭祀里社真君及河神、土地神，壇前並有精采的客家大戲演出，六、七〇年代是當地一年一度的盛會，二月戲之名也因此留傳下來。

八〇年代以降，二月戲雖不再風光，但舊俗相沿至今，仍是當地有別於全台的特殊民俗活動之一。

字姓戲

傳統型態的社會，演戲不僅可以酬神，更是民間最主要的娛樂，因而舊時重要的主神祭典，經常會出現連演半個月甚至一、兩個月的戲的情形，因土地公而演的戲稱土地公戲，因玄天上帝演的戲稱上帝公戲，保生大帝誕辰的戲為大道公戲，媽祖則有媽祖戲，王爺則有王爺戲。

這許許多多的神明戲，管理及排定大都由廟方負責，也有些地方移民之始便有各字姓的組織，祭祀及演戲事宜都由各字姓自行安排，慢慢地一座廟的主要神明戲，都固定由幾姓人家輪流演出，並且行之有年，便謂字姓戲。

舊時台灣的字姓組織與字姓戲相當多，戰後隨著神明戲的式微而沒落，現今較具代表性的乃是台北市保安宮三月初起的大道公戲以及台中市南屯區萬和宮的媽祖戲，這兩廟的字姓組織至今仍相當嚴密，每年那一天，由那一姓人家謝戲都有清楚的規矩，且戲期長達一個月以上，更是難能可貴。

●台北保安宮字姓戲上演的盛況。

掛（壓）紙

客家人於元宵之後開始掃墓，乃因早年客家人常為人長工，元宵之後必須再去東家上工，乃提早掛紙完畢以省牽掛，後漸成風俗。福佬人則受清明及寒食影響最深，一直維持原有的掃墓舊俗。

福佬和客家兩籍人，掃墓之期雖然不同，掃墓之際首重的卻都同樣是掛（壓）紙的風俗，連雅堂修《台灣通史》謂：「祭以餑餅，治牲醴，掛紙錢，歸乃食之。」。掛（壓）紙乃是用五色紙（福佬人）或黃古紙（客家人）獻置在墓地上，為防風吹走，上面還壓一小塊土石，這個小小的習俗，福、客兩籍人士的緣由也不相同，對福佬人而言，它代表古人掛錢的舊習，同時也表示此墓有後，每年依舊有人前來拜墓；對客家人而言，壓墓錢象徵的意義，卻是替先祖翻新舊瓦屋，每年一度掃墓，正像

●掛紙是掃墓重要的習俗。

替先人翻新老屋，以免破舊，讓祖先遭受風吹雨打之苦。

墓粿（粄）

清明掃墓祭祀祖先，現代人時興的是鮮花素果，舊時的風俗，卻首重牲醴及墓粿，尤其是墓粿（粄），直到今天仍是許多人家掃墓不可或缺的祭品。

墓粿乃是祭掃墳墓的粿（粄）類，一般以紅龜粿、發粿及刺殼（蟻草）粿為多，舊時的人們祭掃墳墓之前，便要忙上好幾天製作各種應節的粿，紅龜粿是粿類中最普遍常見的一種，發粿代表發達及發財，刺殼（蟻草）粿則是用鼠麴草為材料製成的粿，可清涼降火，人們喜歡在炎夏之初食用。

人們製成的許多粿類，帶到墓地主要是應付分墓粿的孩子們，掃墓結束前，都會放一串長的鞭炮，主要的目的是宣告掃墓已完，要分墓粿的人趕緊來，只見一羣孩子們跑來，排隊一一領取主人分發的墓粿或金錢，一方面表示將祖先的德澤澤被他人；二來也要求這些孩子如果放牛或趕禽畜經過這裡時，不要讓畜牲踏壞了先人的墳墓。

八○年代以降，繁榮的社會已不見分墓粿的孩子，祭掃墳墓的粿也只剩象徵性的一兩塊而已。

●現代掃墓，墓粿愈來愈不易見到了。

祀茶與祀酒

八〇年代始，澎湖馬公天后宮於媽祖誕辰之前夕，大多會舉行巡海法會，以讓澎湖各離島都能同霑媽祖的福澤。

媽祖巡海為當地最重要的大事，不僅廟方重視，各地的善信及廟宇莫不熱烈期待，若媽祖必須在外過夜，被選中駐蹕的廟宇更將以隆重的儀式祀之，祀茶與祀酒便是澎湖地區最特殊的祭儀。

祀茶與祀酒，在澎湖各廟的壽誕幾乎都可見到，儀式必須由穿制服、受過訓練的祀生擔任，然後以一祀、二祀、三祀的方式，一一獻上各種祭品，祀茶共有十八道，包括福圓、梅花、蜜桃、柑桔、桂花、菊花等十二道大茶及百歲餅、一品糕、福來酥、長生糕等茶點。祀酒的規模更是浩大，包括酒、酒食、酒菜及香煙、毛巾等，共有六十四道，名目之繁多，禮俗之繁瑣實在令人很難以想像，而一次的祀茶與祀酒，要花上五、六個鐘頭，實可謂最「大」之禮。

●祀茶與祀酒，爲澎湖大禮。

●喝了香湯，謂可常保身體健康。

香湯

浴佛節原為佛教的節日，台灣的佛教有一部份受到日本統治政策的影響，融入許多道教及民間信仰的成份，浴佛節因而乃成民間信仰的一個民俗節日。

因釋迦牟尼佛誕辰而來的浴沸節，善信們需準備香湯洗佛，原意乃衍生自嬰兒初生的洗禮，特別選用香湯，則表示對佛祖的崇敬。

香湯是一種用甘草、香花和糖熬成的水，南宋孟元老撰《東京夢華錄》謂：「十大禪寺各有浴沸齋會，煎香藥糖水相遺，名曰『浴沸水』。」寺廟準備好香湯，信徒們則用水瓢取一小瓢，自銅佛的肩上澆下（不能澆到頭部，否則大不敬），然後再取一些澆過的香湯，帶回家供全家人飲用，謂可強身健體，百病不生。

●四月八日，各地善信們都會到廟裡用香湯浴佛。

放生

浴佛節原屬佛教盛會，近雖成民間信仰之一，但在浴佛之期，仍可見到許多跟佛教相關的節目，放生便是其中最典型的一項。

佛教的放生，原是為行財施、法施和無畏施，信徒們花錢購買被人們豢養的飛禽走獸，唸咒說法以放生，以解救牠們的生命，原應是大功德一件，惜因現代人只重放生的形式，不重實質的意義，反而使得放生的過程中出現種種弊端，最嚴重的莫過於為找來大批的動物放生，反而鼓勵商人們想盡辦法搜捕，至於放生因地點或環境不當，導致放生物因而喪命的例子更頗為普遍。

不管是為魚鱔龜鱉，或者飛禽走獸放生，所有的放生物，都必須帶到佛寺前，經善信們說法唸咒，以求解這些動物之罪孽，並為放生者祈福，過程約需一、兩個鐘頭以上，然後再帶到水庫、河邊或者海邊，由花錢放生者親手放生，藉以積德植福，因而只要有放生法會，總會吸引許多人的參與，而眾人所求的，顯然都在如何為自己增福份，放生原來的意義，往往被模糊掉了。

●不一定能救生的放生法會。

蟲蟻出嫁

農曆四月初八，為釋迦牟尼佛的生日，各地都可見到浴佛大典之餘，南部的客家人，則有一項特殊的蟲蟻出嫁習俗。

早年客家人由於大多原居山區，自然環境中蟲蟻蛾蝶自然比平地要多，客家人平常受盡了蚊蟲白蟻的侵擾，又沒有強力的殺蟲劑可資對抗，久而久之乃自然繁衍出想借佛祖之力，把蟲蟻們送走之想。

至今仍存在於南部客家庄的蟲蟻出嫁，其實並沒有請誰來施法，僅於四月初八，祭完佛祖之後，找一張紅紙，上書：「佛生四月八，蟲蟻嫁別家，嫁到深山去，永遠不回家」字樣，張貼於平日孳生蟲蟻最多之處，再持香和紙錢向佛祖禱告，請求佛祖施展法力，把那些惹人厭煩的東西，統統嫁到山中去。

蟲蟻出嫁是否有效，實不得而知，不過在這項習俗的背後，也映現出早期人們和生活搏鬥的艱困。

●貼在廚房的蟲蟻出嫁紙。

祭龍船

龍舟是端午節最重要的角色，而眾人所關心的焦點也在賽龍舟一項，其實龍舟賽會之外的龍舟祭祀，更是繁雜而隆重。

俗語有謂：「百日造船，一日過江」，說明造龍船本就是一浩大的工程，賽龍舟之前，無論新船或每年都得整修一次的舊船，都得擇日請地方首長前來開光點眼，有些地方還要迎龍船王出巡，向民眾宣說賽龍舟之日已近，接著還得請道士請水神，燒香點燭，眾人共祈賽會順利，行船平安，並放舟下水，此後龍船可供各隊練習，隊伍初次下水時，需擺設香案祭拜龍船，並在船首的龍舌下塞一疊金紙，登上龍舟，然後再向水中施灑金紙，祭祀水神及河中的孤魂野鬼。

比賽完後，必須擇一日謝水神，並請龍船神退位，再將龍船扛到岸上，存放在專為放龍船而設的龍船厝中，再行謝江儀式，龍舟賽會至此告一段落。

●祭龍船以謝水神。

●鹿港特有的隔岸拔河比賽。

隔岸拔河

端午節熱鬧多樣的民俗活動中，鹿港的隔岸拔河，可謂是最具獨創性的一種，相當值得一觀。

屬於體育活動的拔河比賽，大多在運動場上舉行，輸的一方最多跌得人仰馬翻而已。鹿港的隔岸拔河比賽，則在賽龍舟的福鹿溪兩岸舉行，比賽時兩隊人馬分立一岸，互拉一條又粗又長的大繩，兩隊互相較勁的結果，常常是輸者落水贏者在岸。

隔岸拔河比賽因有落水的危險，與賽者都必須穿救生衣，鮮艷的色彩在咚咚的隔岸拔河鼓聲中，相當顯眼，每屆比賽，都吸引無數觀眾的注意目光，顯見這項自創性的現代民俗，相當成功。

榕艾苦草

時序上雖說五月為夏季之始，然而位於亞熱帶的台灣，天氣已相當炎熱，各種傳染病媒也開始流行，舊時的人們也都有避毒驅邪的觀念，端午節於門上插榕艾苦草，正是取避毒健身寓意而來的習俗。

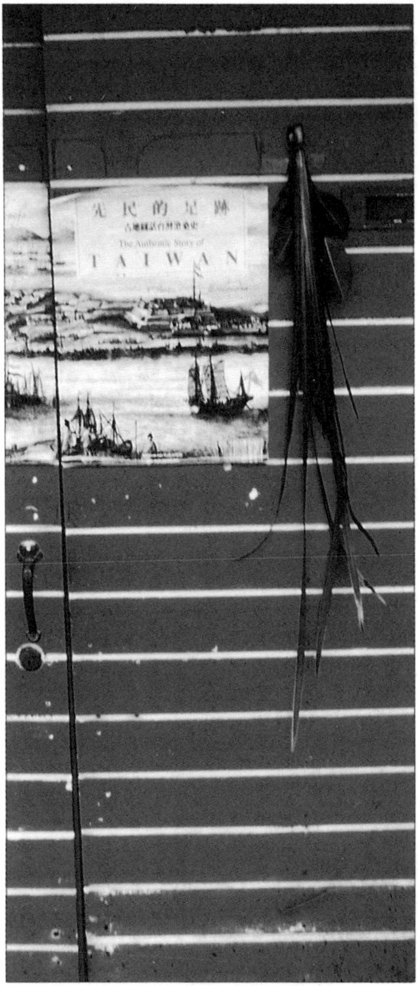

●端午家家門口都要插榕艾苦草。

台灣俗話說：「插榕卡勇龍，插艾卡勇健」，事實上榕枝本就是民俗辟邪物，道士作法事時，找不到柳枝便以榕枝替代；艾枝也是傳統的祓鬼驅邪聖物，鬼去自然祥來，邪去自然體健。另外，昌蒲因形似劍，也有人用來辟邪，這些東西用紅紙紮成一束，插在門口稱為「榕艾苦草」，為端午獨有的景觀。

有些人家也用榕艾苦草煮水，供全家大小沐浴，婦人則取一小段插在髮上，謂更可健身避禍，只是此俗今已不多見。

粽子

端午時節，粽子是最具代表性的應節食品，家家戶戶都必須包粽子祭祀神明及祖先，並供全家人食用，處處洋溢著粽香成了這個節日最大的特色。

古稱角黍的粽子，在台灣由於新移民的加入，中國各地的粽子都在這海島出現，但仍以約呈四方形，四個角交錯呈現的台灣粽子最受歡迎，台灣粽子因製作材料及方法的不同，又分「粳粽、鹹粽兩種，粳粽係糯米拌粳油而成，鹹粽則包豬肉、蝦米、香菇、芋頭、蠔乾、栗子等物。」（吳瀛濤《台灣民俗》）。

台灣的粽子，也成為一種鄉土食品，民謠中的〈燒肉粽〉許多人都耳熟能詳，每每夜半時分，較繁華的市區中，也常可見到賣肉粽的小販。

舊時的人們，還有送節之俗，就是過去一年中，有親人過世的人家，不能包粽子，親友們在過節之前，會準備粽子相贈，一方面表示慰問，也讓喪逝人家感染一點過節的氣氛。

●粽子在台灣四時都受歡迎。

香包

傳統的歲時節俗，在現代社會中雖漸不受人們重視，但也有少數因符合現代人復古風潮或工藝精巧而大受歡迎，香包便是典型的例子。

端午時節應景的香包，又稱香馨，也是一種吉祥的辟邪物，原始可能沿自五色絲長命縷而來，連雅堂修《台灣通史》謂：「以五色絲製成鳥獸花果之屬，兒童佩之，謂可辟邪。」

用各色綢布製成囊狀形，內放置香料，因而名香包，舊時縫製香包是女紅極重要的一項，今大都向商販購買，市售香包的種類繁多有：老虎、龍、虎、象、馬、猴子、飛鳥、花卉、魚介以及現代流行的太空超人、小淑女、忍者龜、龍貓、無敵小子……等等，令人愛不釋手，難怪每逢端午之前，各地都可見到一攤攤販賣香包的小販，許多人都會買一個給孩子戴上，即使不為辟邪，也可以趕趕時髦。

●兒童戴上香包，謂可辟邪。

謝江與洗港

民間在舉行龍舟賽會前後，都有祭祀水神的活動，目的除了祈求水神庇佑平安，賽程順利外，也借以感謝水神長期賜予人們飲用、灌溉與洗滌的便利。

舊時的端午節俗，祭水神都非常隆重且完整，賽舟之前稱為祭江，賽舟之後十日內，更要行盛大的謝江祭典，惜今大多已絕跡，僅苗栗縣竹南鎮中港地區，每年於端午當天下午，仍行隆重的謝江活動，又因其近海，並發展出洗港法會，成為特殊的端午祭典。

中港地區的謝江活動，分為三個部份：一是當地的角頭神明聚集在慈裕宮前，由媽祖前導繞境地方，巡視水路；然後在中港溪畔搭台祭祀河神，感謝河神的辛勞，一般的民眾也都在住家或田園附近的河岸；擺置祭品祭祀河神；第三個階段則至中港溪出海口，由乩頭領軍，率領角頭神明到河海交會之處驅逐邪靈，以保佑漁民出海平安，稱之為洗港。

除了中港溪口的洗港外，台北縣野柳地區也有類似的洗港活動，不過時間是在每年的元宵節。

●中港洗港，每年例於端午舉行。

▶台地靠海，各地隨時都可能見到洗港活動。

▲請道士祭江，以祈地方安寧。

鬥蟋蟀

端午前後，為南部地區人們熱衷鬥蟋蟀的時節。清末便已形成的鬥蟋蟀，原只是農閒時的消遣娛樂，後漸成夏季常見的民俗活動，九〇年代起，競鬥風氣愈盛，藉以賭博者愈來愈多。

無論什麼形式的鬥蟋蟀，主角都是蟋蟀，民間俗稱肚白仔或土猴的蟋蟀，大多有十分響亮的叫聲，只是這種褐色肥壯的昆蟲，在鄉間灌土猴可以尋得，卻不適合拚鬥。民間慣用於打鬥的蟋蟀，多為通體全黑，俗稱黑龍仔，這種蟋蟀以勇猛好鬥出名，佔有慾特別強，任何同族侵入自己的勢力範圍，非鬥得你死我活，不肯善罷甘休，人們乃利用這種特質，讓蟋蟀互鬥，以勝負定輸贏。

原本是民俗娛樂的鬥蟋蟀，受到現代社會賭風的影響，每每只要有人鬥蟋蟀，幾乎都有人在旁押賭，輸贏的金額甚至達幾十幾百萬，實為惡劣之歪風。

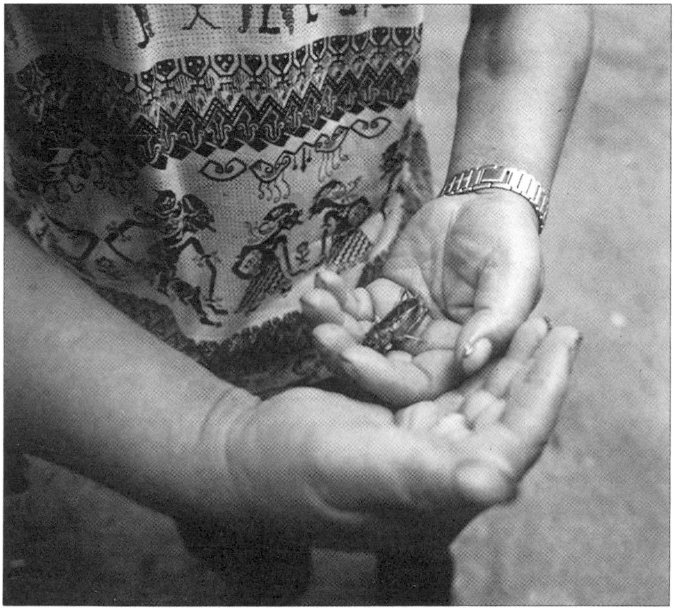

●挑起蟋蟀的鬥性，才能打贏對手。

米糕與桂圓乾

台灣民間向有初一、十五補運之俗，其中尤以六月初六，開天門之日最為盛大，各地善信莫不準備米糕和桂圓乾，到廟中祈神庇佑全家平安。

民間用米糕和桂圓乾補運，乃藉米糕之粘和補，再脫桂圓乾之殼，以脫殼象徵去掉霉運與歹運，換來好運與新運。補運時，大多以家庭為單位，一家有多少人就要準備幾顆桂圓乾，再準備一小盆米糕，有些人還會另外準備煮熟的蛋，一併於廟中祀神祈禱後，將桂圓乾及蛋的殼剝掉，每脫一個同時喃祝為某人脫去霉運，補來好運，並粘在米糕上，帶回家供全家人分食。

米糕和桂圓乾原為常見的食品，用於補運上，實相當有意思。

●桂圓乾放在米糕上，代表的意義豐富。

半年圓

台地舊俗中，有半年節一項，時間或在六月初一，或在六月十五日舉行，因各地移民不同所致，人們過半年節，最重要的是製作半年圓，或稱半年丸，王瑛曾《重修鳳山縣志》載：「六月或朔或望，家雜紅麯米粉為丸，曰半年丸。」。

半年圓實為台地常見之湯圓，因於此節中製作，供家人共食以慶祝年已過半，並勉勵下半年好好努力，而有了這個名稱，用糯米磨成米漿，壓乾水份搓成的湯圓，常被染成紅色，於一年中的慶典節日中，用以祀神及宴客，「因為半年丸是以糯米做成，性質很粘，這是象徵一家大小團結力大。型態圓圓，是象徵一家團圓之狀。至於以紅麵染色及以糖為湯，都是表示甜蜜歡喜之意。」（廖漢臣《台灣的年節》）。

●紅色的半年圓，象徵甜蜜歡喜。

水䡾

䡾為民間用以超渡冤死孤魂野鬼的法器，分水䡾及血䡾兩種，水䡾為專門牽引溺死者而設，圓筒形，竹骨為架，外糊淺色或白色的紙，䡾的四方另糊有舟船，以示借助逃生之用。

民間古來都有牽䡾的習俗，吳瀛濤撰《台灣民俗》謂：「廟普當日，廟方另有『拜䡾腳』之行事，多由婦女在『䡾棚』中，各預置『䡾』一架，將香插在地上，祭拜『䡾腳媽』，繼之將䡾用手打轉，此稱『牽䡾』。牽䡾，即謂為難產者、溺死者之超渡。俗信，由此靈魂可從血池浮升，而謂䡾於打轉時，會漸覺沈重，蓋為此故。」

開拓時期的台灣，缺乏橋樑設施，人民每每涉水渡河，溺死者也經常可見，家屬為超渡亡者，都需備䡾到河邊牽引超渡，後來由於橋樑漸普遍，溺死者漸少，加上習俗的改變，各地的牽水䡾已經很不容易見到。唯獨在雲林縣口湖鄉的金湖村，每年六月初八萬善爺祭典，為超渡清代被洪水淹死的先人，廟前置有數千個水䡾以為超渡，場面之大全台僅見。

●水䡾可牽引因水而亡的冤魂。

●龕門其實就是鬼門關之意。

龕門

農曆七月，民間有開鬼門及關鬼門的習俗，基隆地區則謂開龕門與關龕門，名稱雖不相同，意義卻相當近似。

龕原意乃是指塔或塔下室，佛教傳入中土後，安置佛像的地方，則稱為龕，基隆地區將埋葬孤魂野鬼的鬼門稱為龕門，一是以佛教的觀念稱藏骨塔為龕，二為脫鬼升龕，以示提昇基隆老大公的神格。

無論是開鬼門或開龕門，同樣都在七月初一舉行，這一天為民間相傳的鬼月之始，各地的有應公廟都必須將平日緊閉的鬼門打開，讓遊魂孤鬼們能自由地在民間活動，享受普渡盛宴。

開龕門一般都沒什麼特別的儀式，基隆地區因雞籠中元祭盛大的影響，請地方首長主持過三獻禮之後，由輪值主普的主任委員行開龕門的儀式，取出鑰匙將平日深鎖的龕門打開，此後孤魂便可自由出入活動一個月。

●基隆開龕門，要請僧人主持。

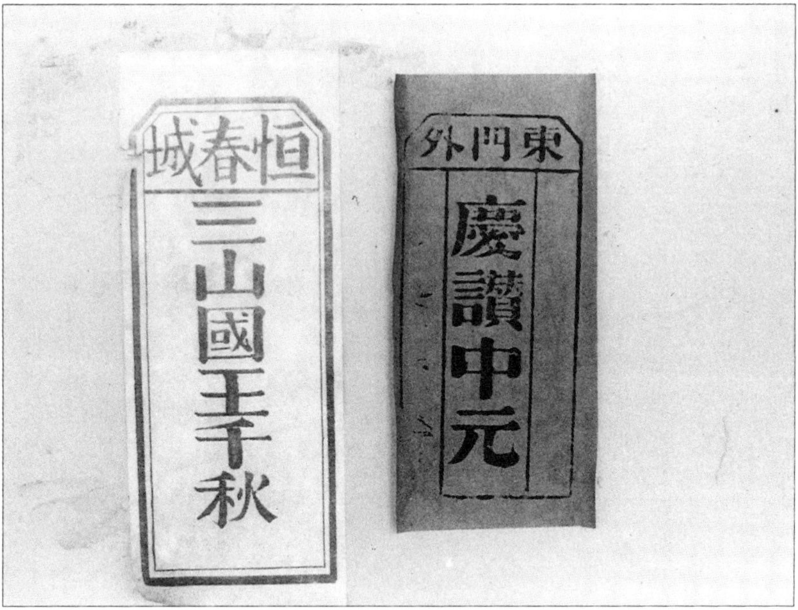

●門籤代表祭祀領域的界定。

中元門籤

中元門籤是台灣南部地區特有的習俗，這種小型的長型門籤，上書寺廟名稱及「慶讚中元，闔家平安」字樣（若為神誕門籤，則書「某月某日，某神聖誕」字樣），於祭典之前貼在住家的門楣或門邊上，表示這戶人家參與某一座廟的祭祀活動。

事實上，寺廟門籤的習俗並不僅限於中元節，台灣南部地區神明誕辰之前，寺廟都會分給祭祀圈內的人家神誕門籤，供他們張貼於門前，主要的目的有二：一是提醒人們神誕或廟慶之期，屆時不忘準備祭品前去祭拜；二可顯示該廟信徒分佈的範圍。

有些地方由於小廟眾多，彼此的祭祀圈重疊，一般人家都來者不拒，全部照貼，到了祭期，也就得一個地方拜完，還得趕赴第二個寺廟祭拜！

普渡公燈

普渡公燈是七月時節，台灣南部地區特殊的祭祀物，長達一個月的時間，就懸在家門口，每天晚上照亮著往來的孤魂野鬼。

盛行於台南、高雄、屏東地區的普渡公燈，設置的目的是為陰間的好兄弟們照路，主要的物件以燈為主，有些人造一小屋安置燈，有些人以鐵釘竹為頂，有些人則用斗笠覆在燈上，造形完全視個人的意思而定，但大多有設插香之處，較有心的人家，還在小屋內放置胭脂花粉以及香煙，供男女孤魂們享用。主人每天黃昏必須焚香膜拜，再點亮小燈，至第二天早晨再燒香熄燈。

除了家宅前私設的普渡公燈外，有些村庄於出入之口，也有公設的燈，也有寺廟於鬼月設燈照路……不管由誰設立，都必須在六月底前弄妥，至鬼月之後才能撤除。

●台南馬沙溝某一民宅設的普渡公燈，裡面放有香煙當祭品。

紙路燈

一般的普渡公燈，無論採斗笠、小屋或者其他造型，質材上大體不脫竹、木、鐵或者塑膠、玻璃製品，在嘉南沿海及澎湖地區，卻有一種用紙製成的路燈，功用同樣是給孤魂野鬼照路的普渡公燈。

倒三角圓錐型，狀似一個尖漏斗的紙路燈，一般都用白紙糊成，朝上的圓口飾有其他色剪紙圖案，底部連有一根竹子，可插在地上。尖斗內則用來插置蠟燭，七月初一時，每天黃昏都要點燃斗中的蠟燭，直到燒完為止，昏黃的燭光在風中，別有一番動人的容顏。

以澎湖為大本營的紙路燈，一般都安置在五營元帥壇前或者風獅爺、石敢當之前。早些年安置時還要請小法前來做法施咒，近年才改由廟方人員自行安置。

紙路燈為孤魂野鬼照一個月的路，八月之後不再點燈，但路燈也不廢除，就放在五營元帥前，任憑風吹雨打，直到自然毀壞為止。

除了用來七月照路，有些地方在每年安五營時，也會置紙燈，並點燈以為慶祝。

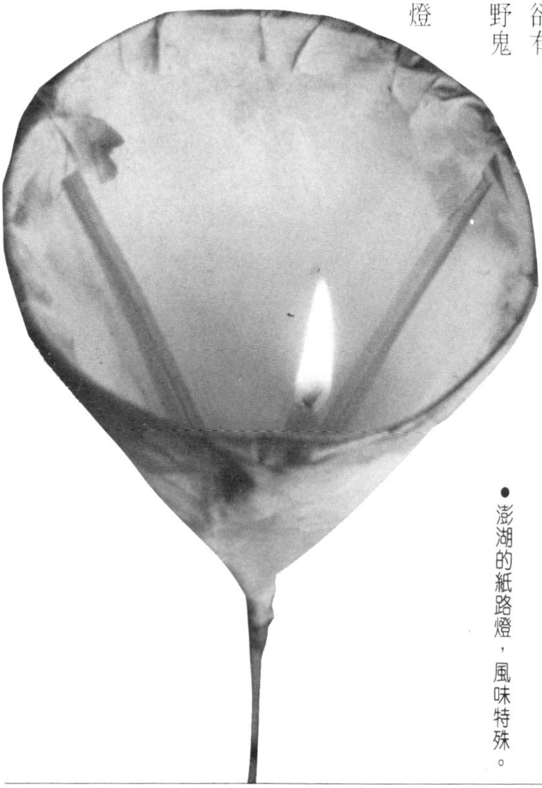

●澎湖的紙路燈，風味特殊。

乞巧會

農曆七月初七，古來向被視為最美麗的節日，一因牛郎織女相逢，被認為是情人之日；二為婦女們借著乞巧會，可以祈求手藝精巧，貌美迷人。

民間傳說中的牛郎和織女，一年僅在七月初七晚上，在銀河相會，因而稱作七夕，民間古來便於七夕在月下設案，擺置瓜果、鮮花及脂粉等祭祀牛郎織女星，傳情人相祀，更能心心相印。此外，另有乞巧會也備受重視，「就是女子有月下擺上香案，供鮮花、水果、白粉、胭脂等，焚香禱告，向天乞求能賜給像織女那般靈巧的手，乃稱乞巧會。祭完之後所供的白粉和胭脂，一半灑在天上，一半留給自己用，傳可變得膚白貌美，更有人拿針線出來，在月下穿引，若能穿過，謂此後更會製作衣服…………」（鈴木清一郎《台灣舊慣冠婚葬祭與年中行事》）。

現代社會中，雖不會有人向織女求來一雙縫衣的巧手，但以脂粉、鮮花祭祀織女星的習俗，仍未滅絕。

●花粉和鏡子，向織女星乞求美麗的容貌。

七娘媽亭

傳統習俗中的七夕，為牛郎織女相會之日，這個古老的愛情傳說，使得七夕一直都是動人的愛情節日。然而，這一天對十六歲的孩子來說，也是成長之節。

民間俗信中，初生的孩子都得請床母、婆姐母或七娘媽保佑，直到十六歲為止。七夕正為七娘媽的壽誕，十六歲的孩子要在這一天到七娘媽廟謝願，並出七娘媽亭，表示從此可以不需婦佑之神的照顧，自己可以獨立自主了。

七娘媽亭為紙糊的亭子，大都為三面式，兩層或三層高，最高層正面供有七娘媽神像，其他各面則有色紙剪成的神仙、人物、花鳥、亭台、吉祥物……等等，是七娘媽的神居，十六歲的孩子都必須準備一座，連同牲醴祭祀七娘媽之後，由父母或長輩高舉起七娘媽亭背對廟門，讓孩子由後往前鑽亭下繞三圈，男生繞左邊，女生繞右邊，表示出了七娘媽亭，從此必須對自己的言行負責。

鑽繞過的七娘媽亭，則丟入金爐中，燒還給七娘媽。

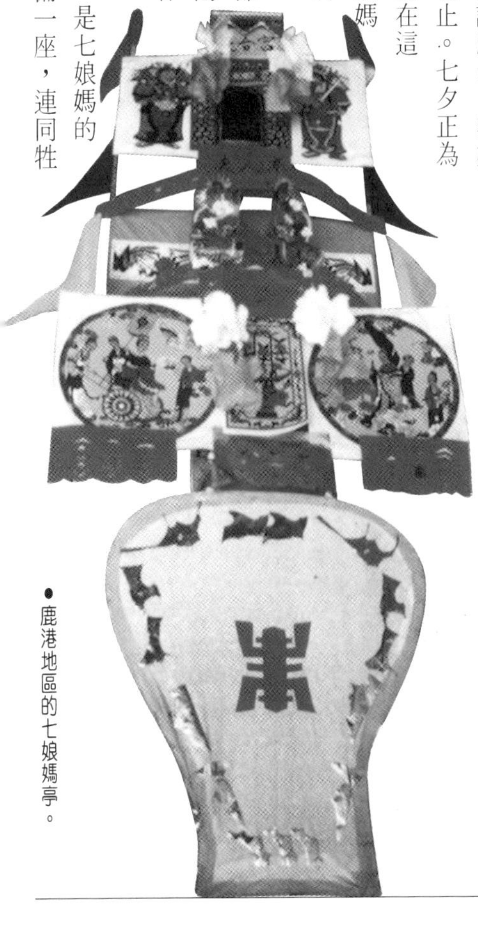

●鹿港地區的七娘媽亭。

七味碗

美麗的七夕日，民間稱為七巧節，許多人家在這一天黃昏，要準備七味碗及胭脂、花粉等祭祀七娘媽。

七味碗為祭祀七娘媽特有的祭品，乃是指七碗不同的粿食或糕點，如湯圓、米糕、雞酒、油飯、桂圓、蓮子、花生……等等，內容並沒有限制，也有些人家避免麻煩，只煮了七碗湯圓，同樣也稱七味碗。

祭祀七娘媽時，必須準備七味碗及七雙筷子，俗傳七娘媽共有七位，準備七份以示週到，每位都能享用祭品，較隆重的人家，還準備多種子的雞冠花、圓仔花（千里紅）以及芳香四溢的茉莉花、玉蘭花、含笑花……等，祈求多子、多福氣。

●七碗中盛裝不同的祭品，稱七味碗。

血轍

無論水轍或血轍，大多用竹削成竹篾，紮製成圓筒形，高約五、六尺左右，分成二層或三層，圓筒中有一軸心，舊時都用竹插立在地上，以便用手推動時可以旋轉。

民間普遍使用血轍，主要是為見血而亡者（難產、車禍、兇刃）設立，特徵是圓筒外糊以紅紙，並在四方貼上樓梯及五鬼、牛頭馬面等圖案，另有一紙條上書亡故者姓名及後世子孫供拜等字樣，祭拜時，將香插在地上，表示牽引亡魂遠離血池地獄，超脫解度之意。

目前台灣地區可見的血轍，約在兩個地方：一是七月普渡的場合，每年七月十二日，新竹市南星宮及大眾爺廟的普渡場中，都可見到善男信女們到血轍場中牽轍以渡亡，場面雖不大，但頗為動人；此外，南部地方若有人不幸兇死，超渡法會中，也常可見到血轍，由法師主持供子孫牽動，以協助亡者能早日脫離血池地獄。

●紅色的血轍，可渡見血而亡者。

10428

台北市中山區松江路85巷5號

臺原出版社 收

廣 告 回 信

台灣北區郵政管局登記證

北台字第 3123 號

●請直接投郵，郵資由本公司負擔●

□新讀者 □老讀者（編號）

市縣

市鄉鎮區

街路

段

巷

弄

號

樓

認識台灣，就從臺原開始！

讀者姓名＿＿＿＿＿＿＿＿ □男 □女

電話＿＿＿＿＿＿＿＿ 出生年月日＿年＿月＿日

學歷＿＿＿＿＿＿＿＿ 職業＿＿＿＿

●請寄回此卡，您將定期收到本社書訊，爾後直接向本社購書滿 1000 元以上者，可成爲「臺原之友」，將發給「臺原之友卡」，得享受本社及臺原藝術文化基金會寒暑假所舉辦各種田野文化活動，並享受特別優待。

《臺原，就是專業的台灣風土出版社》

●所購書名＿＿＿＿＿＿＿＿

●買書的動機 □作者名氣 □書名引人 □親友推介 □內容豐富 □題材特殊 □想認識台灣

●對本書的評價 □極佳 □好 □還不錯 □普通

●對本書的印刷 □極佳 □好 □還不錯 □普通

●對本書的價格 □太貴 □貴 □適中 □便宜

●您經由何種方式得知本書出版？

□廣告 □偶然發現 □書訊 □人員推銷 □親友介紹

●您如何購得本書□郵購 □書店 □商店 □人員推銷

●購買本書書店＿＿＿＿縣市＿＿＿＿書店

●您希望本社出版那一類的書籍，或者某位作者的作品？

＿＿＿＿＿＿＿＿

●您對本社的評語與建議：＿＿＿＿＿＿＿＿

＿＿＿＿＿＿＿＿

＿＿＿＿＿＿＿＿

●您希望收到我們的□書訊 □活動消息

●請推薦親友名單，讓我們寄書訊給他：

1.姓名＿＿＿＿ 地址＿＿＿＿＿＿＿＿

2.姓名＿＿＿＿ 地址＿＿＿＿＿＿＿＿

3.姓名＿＿＿＿ 地址＿＿＿＿＿＿＿＿

4.姓名＿＿＿＿ 地址＿＿＿＿＿＿＿＿

5.姓名＿＿＿＿ 地址＿＿＿＿＿＿＿＿

●謝謝您對本社的支持，我們將以更熱誠的態度，爲您出版好書。

●請您將本書的缺點告訴我們，優點告訴您的親友。

●臺原有心，和您同樣愛台灣，本卡用再生紙印刷

七星燈篙

中元節普渡法會，規模稍大者，大多會設立燈篙，一般性的燈篙，與醮祭所豎的燈篙非常相近，用以標榜天地，指引陰陽，但也有極少數的例外，台北市大龍峒天師宮七月普渡之時，所豎由七盞燈佈置成北斗七星狀的燈篙，便是其中一例。

普通民間常見的燈篙中，地竿所掛的地燈，稱為七星燈，一般都是用一頂斗笠，下掛七盞燈泡，也有七盞燈排成一排分別懸掛的，無論形式如何，目的都為招引陰間鬼魂，名稱上大多以燈篙統稱，或單獨稱為陰竿。台北市大龍峒天師宮的燈篙，並沒有天地竿之分，僅一竹枝掛上一個大燈籠，下仿北斗七星之型，分掛七盞燈，按其型制及作用，顯然為一般常見的陰竿，天師宮卻稱之為七星燈篙，並謂為最具傳統特色，真正發揮法力之燈篙，非一般燈篙所能比擬。

天師宮的七星燈篙之例，更說明了民間信仰的自創力實無比豐富。

●全台僅見的七星燈篙。

堡燈

放水燈在台灣地區，不僅行之有年，且更普遍受到各界的重視，因而只要舉行普渡法會，必要先放水燈。

各地施放水燈的規模大小不一，施放的時間也各不相同，施放的意義則全為招引水中的孤魂野鬼，甚至已成全台各地共同的語言，卻總有極少數的地方會出現別出心裁的東西，台北市大龍峒天師宮的堡燈便是一例。

外型也是紅斜頂，白屋身的天師宮堡燈，施放的方式、目的和一般的水燈幾無二致，唯一的不同是每個堡燈的紅斜頂上，都貼上一個「堡」字，因而名為燈，該宮解釋為：水燈招引的孤魂無遠弗屆，堡燈招引的對象，僅大龍峒堡內的水中孤魂，堡外之野鬼則一概不予理會。

這個有地域之見的水燈，可能是全台獨一的特例。只是，堡外的孤魂野鬼見了，是否也能知規矩而不越堡搶食呢？

●劃堡自限的堡燈。

公普

中元祭典的普渡盛會，由於主辦者以及參與者的不同，可分為公普、廟普、街普、巷普、行業普以及家普等多項。公普為地方上規模最大，最為重要的普渡，「所謂公普……各村落都要在同一天以同一個寺廟為中心舉行祭典。……舉行這種公普大祭時，主普者必然是當地的富豪，才有能力捐出大筆費用，招待孤魂野鬼，據說，若有餓鬼吃不飽，就會向主普糾纏不休，所以大家都不願當主普，才改由廟來主辦……」（鈴木清一郎《台灣舊慣冠婚葬祭與年中行事》）。

規模大，耗費人力物力最多的公普，乃是一個庄頭，甚至是許多庄頭聯合性的普渡活動，可謂是地方上的大事，必請道士或僧人前來舉行盂蘭盆會，超祓孤魂野鬼，同時也施食眾生，同享人間溫暖。

大體而言，公普的日期都固定在七月十五日中元節當天，如有例外每年也固定在同一天（如新竹義民節在七月二十日）舉行，大型的公普活動，除了普渡法會，往往還會舉辦其他許多附屬性活動，以吸引善信前來「看鬧熱」。

●公普大多爲角頭或村庄聯合的普渡活動。

廟普

寺廟所主持的普渡，往往被視為公普，然而公普涵蓋的範圍及意義，必須是屬於人羣性的，若人羣廟所主持的普渡，範圍超越地方的小角頭，則屬於公普；角頭性寺廟主辦的小型普渡，規模不大，能動員的人僅附近的居民以及少數的善信，則應以廟普稱之。

廟普完全以寺廟為主體，規模完全視該廟善信的多寡決定，大者可達一、兩百份祭品，小者幾十份也有，然不論規模如何，普渡的儀式都相當完備，主持法事的道士或者僧人，都頗慎重的發表請神、誦經讀懺、上疏巡筵，普施孤魂……每一個節目雖較簡潔，卻非常週到，恐怕是一般小普所見不到的現象。

許多小廟舉行過廟普之後，接著由道士或僧人主持擲筊選出新的爐主，負責下一年度廟方的祭祀及活動事宜。

●角頭廟的廟普，規模一般不大。

●街普在老市集比較易見。

街普與巷普

地方上的普渡活動，範圍大可及整個村庄或祭祀圈，小可僅一街一巷或者一個市場，這些小規模的普渡活動，都有特定的名稱，大都按涵蓋的範圍，冠以普渡之名，如街普、巷普、市場普、魚市普……等。

街普和巷普，顧名思義乃是以一條街或一條巷子為單位的普渡活動。街和巷都是都市的產物，街普和巷普自然僅在城市中出現，是一種屬於地區性的活動，類似於鄉村中的庄里輪普，每一條街或是巷的普渡日期都不相同，從七月初一起輪流舉行。

這種區域性的普渡，規模都以中型至小型為多，儀式除要請僧人或道士主持小普科儀，以示隆重。有些地方還請野台戲演出，以增添普渡之熱鬧氣氛。

行業普

普渡法會的舉行，除了以地區為單元，行業也是另一個構成的因素，居住在不同地方的人，往往會因同一職業或工作，一起在工作場所舉行普渡，這類的普渡稱為行業普。

台灣的行業普，涵蓋的範圍非常廣，從工會到市場攤販皆有，例如碼頭公會普、計程車公會普、水泥公會普、中盤商普、果菜商普、肉商工會普、雜貨販普、花市普、魚市普、攤販普、某某市場普、某街流動攤販普……都屬於行業普。

行業普的範圍廣泛，每一行業的組織、人數、財力皆不相同，普渡的規模自有天壤之別，大者可請道士來主持長達兩天的一朝宿啓法會，小者僅行小普科儀，簡簡單單交代過去便罷。

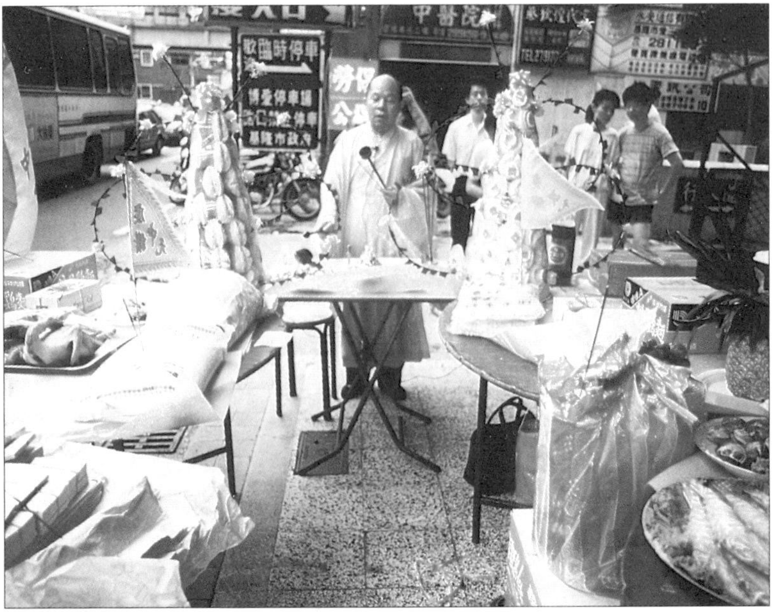

●每種行業都可以舉行行業普。

家（私）普

私普乃是普渡活動中規模最小，且完全屬於私人性質的祭典，許多人家參加過各種規模的普渡後，一來為求週到，二來則普施地基主以及家宅附近之孤魂野鬼，都會再舉行家庭性的普渡活動，稱之為家普或者私普。

家普雖謂家庭性的普渡活動，包含的範圍也有分別，小僅一戶人家，大可及幾個兄弟或一個家族聯合性的普渡，就規模而言，一副五牲外加幾盤水果甜食也可普施好兄弟，大至幾頭豬羊，牲畜魚肉樣樣齊全，也可在家普中見到；至於法事方面，單一家庭的小型普渡，當然不可能請道士或僧人來主持，都以家長率領子弟禱祝，便為最正式的禮俗。若是幾位兄弟或家族性的聯合會，請道士來誦《小普玄科》，作法祈求降福祛禍的例子經常可見到。

屬於私己行為的家普，由於牽涉的人少，時間也不似公普或其他普渡每年時間都固定，多數家庭都於七月某一日，找到空閒之時便可普渡，當然也有家庭每年都於固定時日舉行。

●較慎重的人家，家普也請道士主持。

●普渡的規模不同，儀式也繁簡有別。

●祭祀豬稠公，稱作普豬稠。

普豬稠

通俗信仰中，任何地方都有掌理之神，豬稠雞舍也有專門管理的神，豬稠公便是其一，祂可保佑豬隻快快長大，平安健康，反之則可害豬隻多厄多病，養豬人家為祈畜牲順利平安，對豬稠公的信奉極為虔誠，七月普渡之期，都還要特別準備牲醴普施豬稠。

豬稠的普渡，並不能算是獨立的祭典，大多附屬在其他的普渡中，如公普或家普時，家人準備牲醴參與普渡之餘，特別再備一份簡單的祭品，到豬稠前，祭祀豬稠公和豬稠附近的好兄弟，讓他們也能同享人間的隆厚心意，避免危害人畜。

普豬稠的祭品簡單，儀式更為簡陋，一般都僅由家人持香禱誦，告訴豬稠公及眾好兄弟們普渡的目的，並祈人畜皆安便成，此外並不再舉行其他的祭祀儀式。

普田頭

傳統的信仰觀念中，田頭田尾雖是土地公的轄區，但同時也有地基主或其他孤魂野鬼據守，七月普渡，較隆重的人家，自然也免不了要準備祭品普渡一番。

普田頭只是一個通稱，其範圍包括各種跟田地、園舍，甚至雞舍鴨寮……任何跟農事、禽畜以至於家宅相關的，都在祭祀的範圍，乃因人們深信好兄弟們無所不在所致。當然，這些普渡也非獨立性的行為，而是附屬於其他性質，規模較大的普渡中。

七〇年代以降，中南部及宜蘭沿海地區的養殖漁業發達，魚塭眾多，這些魚塭又常因一些意外而使養殖的東西突然暴斃，許多業者認為這是不乾淨的鬼魅作祟，七月時節，紛紛以隆重的祭品普渡，以祈不再危害養殖物，而成特殊的普魚塭。

前後桌與頭尾桌

中元節原為地官大帝的誕辰，後雖因普渡活動的熱鬧與盛大，地官祭典反而被模糊掉了，雖然如此，各地例於普渡時節，都會另備祭品，祭祀地官及其他神祇，為了區分祀神和祭鬼，民間大多以不同的桌式來表現。

以供桌的擺法來區分祭祀的對象，最常見的為頂、下桌，但普渡場一般較不用，最常用的是前後桌，就是把兩張桌子併在一起，擺置香爐的桌子稱前桌，上置牲醴祭祀神祇，後桌則用來拜鬼，儘管桌無明顯的分別，但拜神的祭品不插香，拜鬼的每樣都要插香和普渡旗，人們都以這種嚴格的分野，區分祭祀的對象。

規模稍大的街普或巷普，供桌則擺置成頭尾桌，頭桌和尾桌用以祭祀神明，兩桌間夾有十幾二十張桌，所擺置的東西，則全是用來敬祀好兄弟的！

●頭尾桌上的供品一般不插香，用以祀神。

普渡戲仔

民間信仰中，酬神除了以豐盛的祭品祭祀，演戲酬謝神明的庇佑更是民間虔誠心意的表現。然請戲演出的費用不低，連最節省的金光布袋戲或野台電影，都需數千元，大戲的價碼更在數萬元以上，並非一般家庭能負擔得起。

台灣南部地區的民眾，舉行家普之時，都想請戲演出以示隆重之意，卻受限於經費問題，普渡戲仔乃因應而生。用紙印上戲劇人物以及戲棚彩圖，再剪黏製作成一個寬四、五十公分，高三十公分左右的戲台與戲偶的普渡戲仔，普渡之時擺置在普渡場前方，再用錄音機配上傳統戲劇的音樂，彷彿就像請了劇團來演戲一般，雖沒有動作，卻也鑼鼓喧天。

以紙為材的普渡戲仔，擺出的戲碼都是扮仙慶賀，由於費用低廉，人人買得起，普渡後，只要隨金紙焚化歸天便可，最為方便好用。

●假演戲給鬼看的普渡戲仔。

鍾馗爺

俗傳唐開元年間，應試中舉卻因相貌奇醜，不獲勅封憤而頭撞金鑾殿死亡的鍾馗，死後被封為「光祿大夫河南太始公伏魔將軍」，專司斬妖除魔之職，有一次還解唐明皇之病瘧，皇帝乃命吳道子畫破帽藍袍，角帶朝靴的鍾馗像，用以歲暮時張掛，以祛邪魔。

●鍾馗爺和大士爺都是眾鬼的統管者。

台灣民間歲暮或端午掛鍾馗像以祛邪的風俗並不興盛，通俗信仰中卻有跳鍾馗驅煞、押孤的法事，北部也有少數地方，於普渡之際，塑鍾馗像以鎮壓眾小鬼。

普渡場中的鍾馗爺，其作用跟大士爺完全相同，於普渡前迎到祭場，請道士或僧人開光點眼後，鎮守普渡場以防小鬼滋事惹非，普渡之後也同樣以火化的方式，將鍾馗爺送返天庭，人們捨大士爺不用，塑鍾馗爺替之，因俗信鍾馗爺法力較高，不僅能看管眾鬼，更能替善信祛禍除災。

天蓬（鬼王船）

通俗民間信仰中的普渡，並沒有特定的普渡對象，普渡之後則任遊魂野鬼四散，並不特意將他們送到什麼地方，然而，一貫道所主持的普渡法會中，除了招引亡故的一貫道道親，還特別為道親們準備天蓬，超渡他們往昇西方極樂世界。

俗稱為鬼王船的天蓬，為用紙板紮成的小船，船體前後尖長，船身上有雙層船艙，四邊都有五鬼把守，船頭另有一紙神像，為觀世音菩薩之徒弟金童，手持紙幡，上書普施孤魂，超渡昇化之大意。

長約一百公分，紅藍兩色為主體的天蓬，普渡之前，法師需先開光安座，普渡之際，擺在普渡場入口處之側，以利隨時招安孤魂，至活動結束，法師率眾普人員輪流到天蓬前上香致意，祈求超靈渡亡後，再送到庄外，和大士爺等一併焚燒，象徵天蓬帶引著孤魂同登極樂世界。

●鬼王船爲一貫道特有的祭物。

搶孤

傳統的中元祭典中，搶孤也是一重要的活動，日治末期遭到官方禁止，後轉趨沒落，直到八〇年代初，恆春地區才恢復舉辦，八〇年代中，台南縣新營市則於元宵時節舉行，意義上並轉化為「搶旗錦標賽」的體育活動，九〇年代初，宜蘭頭城恢復了停辦四十三年的中元搶孤，在各媒體的強勢宣傳下，造成非常大的轟動，引起社會各界廣泛的注目，但也造成主辦的頭城鄉民代表會自大自滿，為求熱鬧，不顧實質內容，盡搞一些嘩眾取寵的內容，導致整個活動淪為作秀的劣質文化。

早年的搶孤，原是在廟庭前搭設高台，台上敬備三牲、五牲、粿粽、孤飯、山珍海味等堆積如山，待僧人或道士誦經渡魂之後，「銅鑼一響，成千上百的羣眾相爭湧進孤棚，把供品搶奪一空，稱為『搶孤』。現場秩序大亂如戰地，喊聲震天欲絕，往往發生死傷。」（片岡巖《台灣風俗誌》）。

戰後重新恢復的搶孤活動，大多已避免早年「與鬼爭食」的惡習，成了羣策羣力的體育競賽，舊時搶孤驅邪趕煞，禳祓保境的作用，自然也隨著搶孤形態的改變漸不復在。

●恆春搶孤前，先在孤棚下放鞭炮。

孤棚

搶孤活動中，擺置孤食、牲醴的高台，一般都稱之為孤棚。

大多由木頭架成的孤棚，高度約在三十六台尺以上，平台上為擺置各種祭品之所。支撐的木柱，稱為孤柱，也是供善信攀爬的柱子，數量各地都不相同，有四柱者，稱天公、地公、三界公、孤魂野鬼各一柱；有五柱者，稱五位神明（如五府千歲）各一柱，也有六柱或十二柱者，或說參與競賽的隊伍多，則孤柱多，比賽的隊伍少，則孤柱少。

孤棚的形狀也有多種不同的變化，有正方型、有五角形、有長方形，孤柱的豎立或統一向中心傾斜、或完全直立，為了增加孤棚的難度，孤柱上一般都會塗上厚厚的牛油，使得搶孤者一不留神或體力不濟便滑落下來，更增加競賽的刺激與可觀性。

●搶孤前，要先請道士淨孤棚。

●台南將軍搶孤所搭的孤棚，相當壯觀。

孤盞

放置在孤棚上的東西，稱為孤食，有些地方則特別用竹器盛裝，稱之為盞，如雞盞、鴨盞、肉盞、粽盞、粿盞……等，台灣俗諺說：「平平四十五盞」，意指普渡的祭品，只可多，不得少於四十五盞。

參與祭祀的人們，為了表示提供祭品的豐盛，都會特別佈置各種盞，最初只是把祭品盛裝在竹器之中，後來慢慢演變成用竹紮成高長的尖塔狀的盞，再把祭品掛在盞上，讓遠近觀眾都能看到各種盞中累累的祭品，盞的頂端還要插上一面旗子，稱順風旗，搶得者掛在船上，謂航海捕魚者順利豐收。

孤盞上的祭品，祭祀之時為祭孤之用，待搶孤開始，則由率先爬上孤棚者搶得，因而早年的搶孤都限貧民者才得參加，大有救助貧民之意，近年的搶孤已無此項規定，爬上孤盞者都會取下一些孤食，擲給台下的觀眾競奪，形成另外一種「搶孤」。

●孤盞上擺置各種孤食。

飯棚

大體而言，搶孤活動大多僅設一座孤棚而已，所有的孤食都擺在棚上，任由各界人士搶奪，但有些地區的搶孤活動，也會出現大小兩座孤棚的情形，大者一般都稱孤棚，小者稱為飯棚。

規模僅孤棚一半，高度僅十六台尺上下，棚上都僅設一孤盞的飯棚，相傳最初為專供乞丐而設的，由於顧慮乞丐可能身體殘疾或病老體弱，無力與他人競爭，在地方人士的美意下，特別在孤棚之側另設立一座飯棚。自祭典開始，便由境內善信提供飯擔，隨意乞丐食用，搶孤之時，飯棚並不開放一般人參與，僅由乞食者自行競爭，取得孤食後，大多也會分給其他乞者，為台地搶孤活動中，最具特色與人情味的一面。

●出發點相當美好的飯棚。

賽豬羊

建醮和普渡盛會中，全豬和全羊可謂是最主要的祭品，新竹地區的客家人，為了表示對主神的虔敬，更相互競賽誰的豬或羊最大，並發展出相當具規模的賽豬公，並且影響及其他地方，成為普渡盛會中的另一項特色。

賽豬公也稱為神豬大賽，由於競爭激烈，想要得到前幾名的大豬（俗稱為神豬），都必須上千斤，甚至達一千兩、三百斤，如此的豬行動相當困難，養豬人家必須幫牠洗澡、翻身，天氣熱還得吹電扇，要牠長得快，又得供應雞蛋人參汁，照顧必須無微不至，至比賽前夕，經廟方人員秤量，確定重量後，才能將之宰殺，而比賽所稱的重量，就以廟方人員秤量的為準。

神豬比賽的前幾名，不僅有廟方的公開獎賞，親朋好友們也都會打製金牌（寬大卻薄如紙片的金牌）以添加主人的光采。

以重量決定名次的賽神豬之外，另有賽神羊，不過比賽的方式卻不是重量，而是公羊羊角的長度為決勝的關鍵，只是這項比賽較不受人們重視。

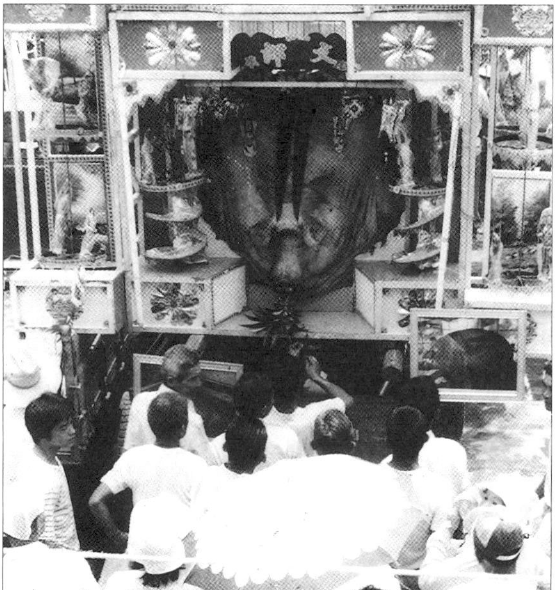

●賽豬羊為新竹地區普渡的盛事。

豬羊棚

神豬羊的比賽，最早是為了表示對神明的虔敬，後來卻慢慢演變成「輸人不輸陣」的面子之爭，為了養大神豬耗費無數心力不說，到了神豬公開普渡展出時，再競相用裝飾得如一座小城樓般的豬羊棚，將神豬襯托得風光氣派。

以木頭搭成，裝飾五彩燈飾及花鳥人物的豬羊棚，是台灣北部地區賽神豬特有的東西，原自新埔義民廟發展而來，桃、竹、苗三縣市以及台北的三峽神豬大賽都受到它的影響，主要的作用是藉著它的華麗裝飾來襯顯神豬或神羊的壯觀。

有人專門做來以供出租的豬羊棚，每家製作的樣式都挖空心思，從單純的電動人物到立體化的噴水、噴火，目的無非是吸引觀眾駐足圍觀，主人就站在棚前，喜孜孜地接受人們稱讚的目光。

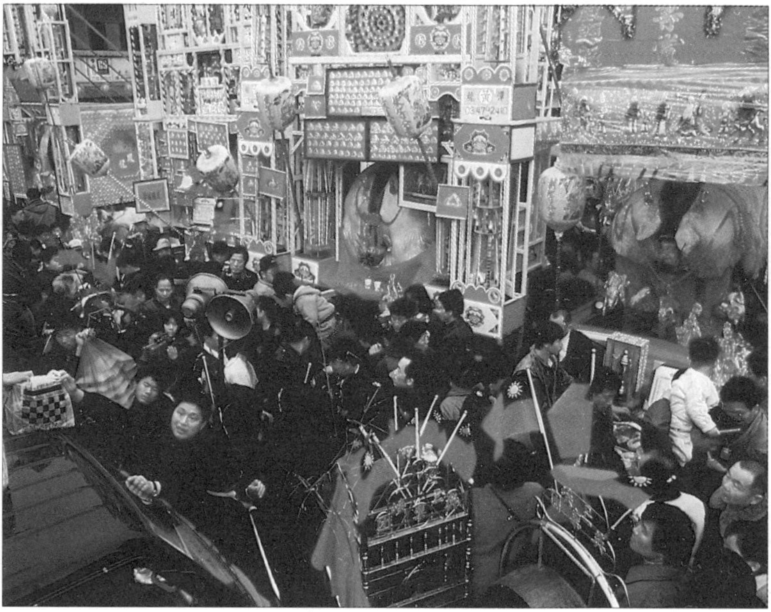

●台北三峽的祖師爺誕，也時興用豬羊棚裝飾神豬。

▲裝飾華麗，頗具巧思的客家豬羊棚。

◀豬羊棚夜景，別具風味。

發豬

為了要舉行普渡，免不了要殺雞宰鴨，若要隆重，以豬羊敬獻時，更得於普渡前一天殺豬。

殺豬原本只是一件平常的事，客家人卻當成是一件頂大的事，稱呼上並不直接叫作殺豬，而稱發豬，這有雙重含意，一是希望殺豬的人家「發」，更希望這頭豬結束了畜牲的生命以後，便因而發達轉世投胎為人。為了表示發豬的隆重，主人必須準備冰糖、冬瓜糖等甜食，以及一符豬索、豬刀及一條圍裙。甜食為甜豬之口，免得牠死後四處告狀，豬索為綑綁用。在中庭設案祭告天公殺豬的目的，並代豬祈禱，希望及早轉世投胎，接著將祭品捧到豬稠，祭拜過豬後，再將之綑綁、屠殺。

從殺豬到發豬，雖然只是名稱的改變，卻至少表現了人對畜牲的生命，同樣有一份尊重。

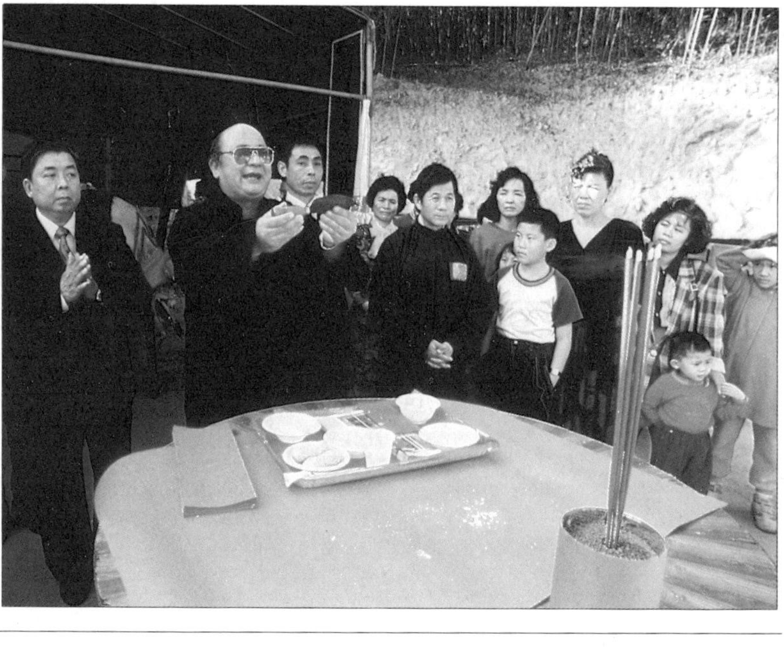

●客家人殺豬前，隆重舉行發豬之禮。

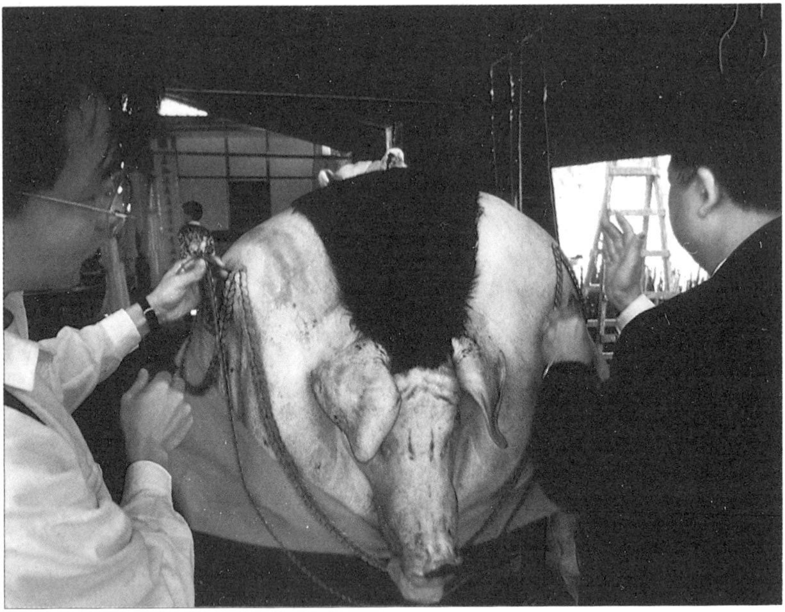
●銅錢串可辟邪，又寓招財進寶。

銅錢串

七月普渡的大豬公，無論有沒有比賽得到賞賜，豬的頸下常可見到掛著長長一串，用有孔銅錢串成的銅錢串，許多人只覺得好奇卻不解其意。

錢幣在民間信仰中，本就是相當有力的辟邪物之一，斗燈中放置銅錢，慶成安龍時以銅錢代表龍鱗，甚至法師以有孔銅錢串成劍……最主要的含意都是希望借金錢之力，辟邪祛禍，同時也藉以帶來貴氣和財庫。

將有孔的銅錢用紅綢線串成項鍊般的銅錢串，掛在豬公頸上，首重的仍是驅邪辟禍，劉枝萬教授撰《台北市松山祈安建醮祭典》載：「宰殺用以拜神之犧牲豚隻，亦應掛銅錢於脖頸辟邪，免被妖邪侵佔。」除此之外，更直接的意義，還有裝飾以及祈求招財進寶的企盼在內。

豬刀與留毛

民間用來普渡的全豬或全羊，背上常可見到一些特殊的東西，最特殊且常見的，莫過於背上插一把豬刀，另外從頭到尾的背脊處，特別留一道毛並未刮除。兩項小東西，也許令許多人好奇，象徵的意義卻更有趣。

全豬上插的豬刀，大多為發豬所用之刀，插在背上的用意有二：一是代表特別為祭祀而殺的豬；二是方便神祇或孤魂野鬼分食享用。一把豬刀能表現虔誠的心意，又為鬼神們考慮周到，實在相當有意思。

全豬或全羊，背上留一道毛不刮掉，象徵的意義除了顯示完全，全部敬獻之外，也表示這副牲醴是特別為祀神或敬鬼而殺的，不是隨便買來應付一下而已。事實上，牲醴上留一些毛的例子，在雞、鴨或鵝上也常可見，不過牠們都留在翅膀及尾部。

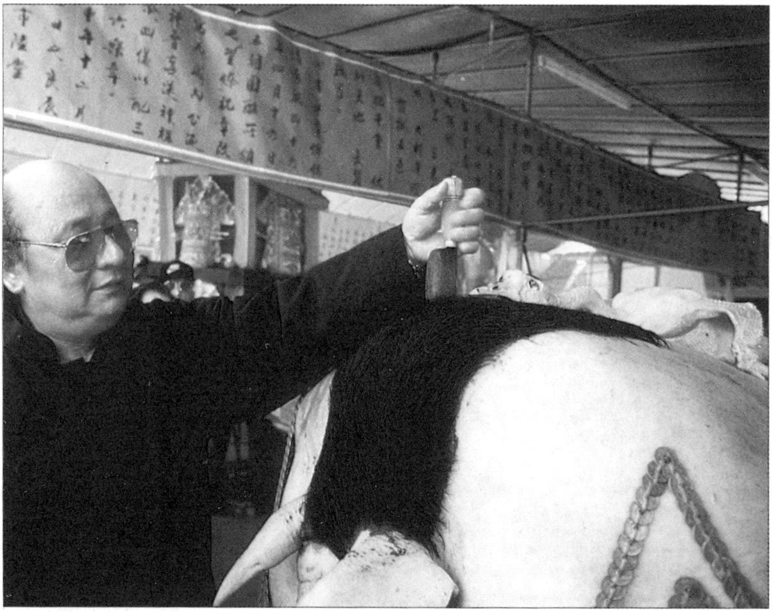

●豬背上的刀和特別留下的毛，都有特別的含意。

奉飯

新竹的義民爺信仰，由於祭祀圈幅員遼闊，早年交通不便，遠地善信祭祀不便，遂發展出特殊的奉飯習俗。

偏遠地方的祭祀圈，往返義民廟要耗時一天以上，除非七月二十的大祭典，平常時日一般善信根本無力前去祭拜，為方便這些信眾，有些地方乃分義民爺的黑令旗，供奉在地方上的角頭廟中，義民爺分靈於地方的廟中奉祀，地方人士為表示虔誠與歡迎，每天都準備祭品菜碗前去祭拜，稱之為奉飯。早期的奉飯，都由人家自由奉獻，後慢慢才發展出某個角頭負責初一，某角頭負責初二，某地負責初三之俗，如此一個月三十天，每天都有人為義民爺奉飯。

太平洋戰爭期間，日人強徵許多台灣子弟到南洋地當軍伕，鄉人無奈，只得求助義民爺保佑，奉飯之俗更為盛行，戰後雖漸不受重視，但每天下午，仍可見到奉飯人家，挑著奉飯敬奉義民爺。

●新竹的奉飯習俗，留傳至今。

關鬼門

鬼月到七月底結束，七月的最後一天或八月初一，各地有舉行開鬼門儀式的有應公廟，都必須再行關鬼門儀式，將放出的遊魂統統關回鬼門之中，以免為害生靈。

大體而言，各地的關鬼門活動也和開鬼門一樣簡單行之，基隆地區則同樣以三獻禮隆重祭祀，此外因老大公廟的私普於開鬼門前舉行，完後正好關鬼門，每年都請道士前來主持封鬼門儀式，相當具有特色。

老大公廟的關鬼門，從七月三十日起鼓，發表啓請，宣讀表章之後，並為大士爺和諸神開光點眼，第二天一早，以拜天公啓始，下午拜懺坐座，普施孤魂野鬼，之後便是謝壇與送神，表示普渡完全結束，孤魂野鬼必須各歸地府，但總有不肯歸去的遊魂，於是道士身穿海青，手持七星劍，出場行「封鬼門」儀式，先清淨五方，召來官將協助驅逐邪魔，或雙鐧飛舞，或長劍追索，直到孤魂滯魄統統離開人間，再以七星劍在艮方封住鬼門，關鬼門儀式全部告一段落。

●道士以劍封住艮方，表示關了鬼門。

●中秋素爲台灣人三大節，人們更敬月娘爲神。

拜月娘

台灣人自古以來，便視月娘為神靈之一，古老傳統的嫦娥故事，更為月神增添幾分幽怨，彷彿也成了美麗之神的象徵，民間更有拜月娘之俗，以祈月神降賜美麗與溫柔。

民間最盛行拜月娘的時間，一是八月十五日中秋之夜，二為正月十五日元宵佳節，拜月娘的理由很多，大都為祈願而拜，如果心中所祈的願望已經達成，也要再擺一次香案感謝月娘的幫助。

大體而言，拜月娘是一種簡單的祭典，大多僅備紅燭、香爐、四果及月餅而已，香案擺設在月空之下，由婦女們主持祭拜之禮，祭時面孔朝天對月凝視，喃喃禱祝，請神之後家人便在一旁賞月，約至香火將盡，才退神撤案，祭拜告一段落。

●拜月之俗，仍相當普遍。

月餅

月餅為中秋時節，祭祀月娘和土地公必備的祭品，除了象徵團圓，舊時的文人更喜用月餅賭博，謂之鬥四紅，希望贏得狀元或探花，博得好頭采。

現今常見的月餅，大多用麵粉製成，且口味繁多，各式的月餅莫不以內藏豐富的餡來吸引顧客，加上精緻的包裝，使得一個月餅可達數十元甚至數百元之譜，華麗的程度實和台灣傳統的月餅有天壤之別。

傳統的台灣月餅，稱作月光餅，以蕃薯為主要材料，也稱蕃薯餅，另加少許麵粉製成，甜而不膩，鬆軟可口，絕無其他各式月餅味重、油膩的缺點，一直是老輩台灣人最喜愛的傳統美食。

蕃薯餅之外，另有用芋頭製成的芋頭餅及豬油製成的豬油餅，都是相當討人喜歡的台灣月餅。傳統舊俗中的鬥四紅，也是在這樣的月餅上寫狀元、榜眼、探花等，再以擲骰子，以點的多少來贏得狀元或榜眼。

●傳統的月餅，是蕃薯餅和豬油餅。

●柚子是中秋最典型的應景水果。

柚子

台灣的中秋節，還有一項特殊的應景食品，就是柚子，這項鄉土水果，大多於八月間成熟，民間乃以柚子祀月，俗信祭拜月娘的柚子，吃了可使眼睛明亮，婦女更可用柚子皮洗臉，可使皮膚細嫩，彷若嫦娥一般，每逢中秋時節，處處可見邊祭月、賞月並品嚐柚子的人家。

美味可口的柚子，以麻豆文旦最著名，相傳清道光年間，麻豆北勢人郭廷輝，引來數株文旦種植於院子，結實以肉多汁甜著稱，許多人乃競相分枝栽種，不久後麻豆文旦遂風行全台，甚至曾上獻清廷成為貢品，馳名遠近。

除了麻豆文旦，近年台地其他地方的柚子，經過不斷的品種改良，品質與風味都有相當的進步，不僅廣受歡迎，更使台灣的中秋佳節，獨具特殊的風味。

盪鞦韆

盪鞦韆的習俗，在台灣地區雖然不普遍，但在春秋兩季，在嘉義及宜蘭地區仍可見到，尤其是宜蘭地區，每逢八月十五的鞦韆賽會，為當地特殊而熱鬧的民俗盛會。

台地的鞦韆，原為平埔族人的舊俗，「春初為鞦韆，略如漢人之制；高可丈許，中以木為舁，止客一人；繞梁旋轉如紡，上下可數回。漢人效之，輒暈而嘔。」（周鍾瑄《諸羅縣志》），後因平埔族漸被同化，這項風俗乃融入漢人的歲時節俗中。

嘉義的鞦韆賽，比的是誰盪得高，用竹搭成的鞦韆架高達十餘尺，盪在其上真如懸上半天，相當精彩刺激。宜蘭地區的鞦韆賽，在蘇澳、礁溪地區都可見到，以蘇澳的鞦韆賽最為精采熱鬧，鞦韆架高達五、六尺，鞦韆架前掛有一銅鈴，比賽的方法是盪高並踢銅鈴，以踢到次數的多寡來分勝負。

鞦韆大賽雖不多見，卻也印證了台灣文化吸收了多文化體系，而發展出獨特風格的自主性文化。

●搭好的鞦韆，地上要鋪厚沙，以防意外。

●盪鞦韆的習俗，跟平埔族人近似。

土地公金

八月十五中秋時節，也是舊俗春祈秋報的秋報之日，民間要祭祀土地公，感謝賜予這一年的豐收，有田地的人家，還要到田頭田尾插上土地公金，表示土地神看管的範圍，邪神外道切莫私自入侵。

土地公金乃是指用樹枝或竹子，夾上一疊金紙而成的祭祀物，台灣南北各地插置土地公金的習俗差異頗大，有些地方的竹子需留大髻尾（留有七把竹葉），有些則不需，插置的地方都在田園的界限之處。

象徵土地公化身的土地公金，安置時也要準備三牲、月餅、水果祭拜，並燒金鳴炮，安置妥當後，便由它代替土地公在田邊矗立、鎮守一年，直到明年中秋，再由主人設新的土地公金替代。

●插在茶園間的土地公金。

蟹黃會

中秋前後，正是台灣地區毛蟹最肥而成熟的季節，台灣人自古以來，便懂得在這個時節，好好品嚐肉肥卵飽的毛蟹，但受環境的限制，大多僅供自己或家人享用，並未形成特殊的風氣。直到近年，由於社會經濟的發達，愈來愈多的人追求華衣美食，蟹黃時節，競相大啖毛蟹竟成風氣，毛蟹之會漸成中秋時節最新的民俗盛會。

台灣的毛蟹，因東西兩岸之別，成熟的季節也不同，東部的毛蟹於農曆二月正熟；西部的毛蟹膏黃肉肥，則在中秋時分。這時毛蟹紛紛往河的下游移動，以便在河海交會處產卵，漁人趁此機會撈捕，自然滿載而歸。肥美的毛蟹，無論清蒸、爆炒、水煮、火烤，都是味美道鮮的當令美食，三五好友相邀共嚐，更有味道，難怪毛蟹會愈來愈盛行。

●九月品蟹黃，最爲美味可口。

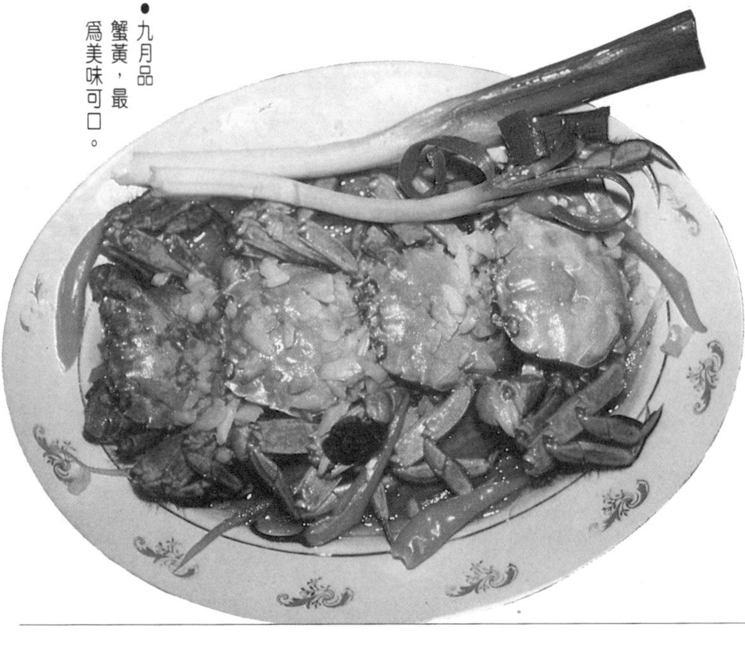

●菊花和酒，已成現代人的時尚。

登高喝菊酒

民間傳統的數字觀念中，九九向被認為最大之數，象徵帝王與恆久，九月初九日，古來一直備受重視，重九之期，有許多民俗活動，以祈長壽和勇健。

九為陽數，重九也稱重陽，古來便有登高飲酒之俗，高拱乾修《台灣府志》載：「重九，士大夫栽酒為登高之會。菊罇萸佩，競為潦倒。……」傳統民俗上的意義，可辟禍解厄；現代的意義，則是登高望遠，開闊心胸，有益健康。

重九也是飲菊花酒最佳的時節。以單葉味甘，可以入藥的秋菊釀成的菊花酒，向被視為健身補氣，延年益壽最佳的飲品，相傳至今，仍有許多人，於重九時節小飲一番，以祈健康長壽。

●風箏在台灣自有歷史。

風箏

農曆九月，台灣南風正起，天高氣爽，正是放風箏最好的時節。

漢人的風箏之娛，雖起自漢代，歷史相當久遠，台地的重陽放風箏之俗，卻沿自平埔族人的舊習：「重陽時節，亦仿紙鳶戲為樂，或以竹篺結成鷹鷂，篾皮繫弓弦，上插雞翹，中腳空管，雖取質過重，而因風送響，音韻悠然，亦天趣也。」（陳淑均《噶瑪蘭廳志》）。

舊時的風箏，大多由孩童自行製作，式樣則憑自己的巧思發揮。一般的風箏都以放得高為主，但也有讓風箏在天空中互「咬」，將他人風箏擊落為樂者，玩法相當多種。

近來風箏之戲也相當流行，每逢假日稍空曠的公園都可見到放風箏的人們，只是他們跟重陽放風箏的習俗已距離相當久遠了。

●平安戲於入秋之後在各村庄輪流舉行。

平安戲

客家地區，每於入秋之後，各村庄往往輪流演戲，稱之為平安戲或收冬戲，是秋祭之後，人們謝神祈安的酬謝之戲，演出的劇種都以客家戲為主。

敬天畏神的客家人，主要的生活與農業有密切的關係，收成的好壞往往影響及生計，自古都很重視春祈秋報，每年秋收之後，不管收成的好與壞，各地居民都會選定一天祭祀村庄裡的神明，並獻演野台戲，設席宴客，俗稱為做平安戲。

傳統社會由於人們缺乏娛樂，演戲自然成了最好的娛樂，為了讓村民們有更多的消遣，村與村之間都形成默契，輪流舉行謝平安，每逢入秋之後，客家庄經常可見到長達一兩個月的平安戲期。

補冬

台灣的冬天有兩個民俗節日，一是立冬，二為冬至，前者為慣習補冬之日，後者為祭祖之節。

人們的補冬觀念，主要為防禦酷冬的嚴寒。舊時物資不發達的時代，和冬天抗爭實需要有一番準備，人們才會在冬天之始的立冬日，準備各種補品進食，以求身強體壯，不畏風寒。

早年人們的補冬食品，以「十全、八珍、四物仔」為主，立冬之前大半個月，藥店就會貼出廣告提醒民眾購買十全大寶、八珍四物或其他藥材和雞鴨肉燉食，謂之燉補，然後全家一起食用，則謂補冬。

傳統人們的觀念認為野生之物常年吸收天地精華，為最佳補品，因而時興以野生動物進補，為台灣的野生動物帶來浩劫，可說是相當不智的補冬之法。

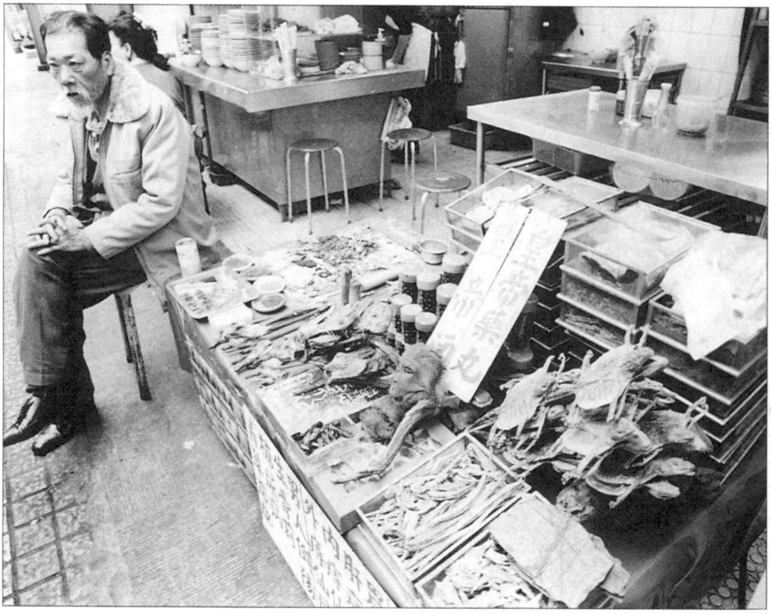

●用野生動物進補的觀念應早革除。

祭祖祠

冬至又稱冬節，為入冬之後最重要的民俗節日，俗諺：「冬至大如年」，說明古來台灣人對冬至的重視。

台灣人的冬至節俗，重要的包括吃湯圓添歲以及祭祀祖祠等等。冬至的祭祖祠，一般都為春、秋兩祭的秋祭活動，同姓同宗者於冬至或前後約定之日，齊集到祖祠中，依照長幼之序一一祭拜祖先，俗稱「進祖」，祭典之後，還會大張筵席於祖祠中，招待前來祭祖的宗親們，大家開讌暢飲，相互連絡久別生疏的感情，稱之為「食祖」，為台地特殊的宗族活動。

規模大的宗祠，冬節祭祖還會請亂彈班來演戲，稱為冬節戲，族人一邊進食一邊觀戲，惜現今已漸漸不易見到了。

●冬至祭祖，最爲盛大。

食福

一般而言，組織性強而完整的祠廟，舉行祭典之後，大多有聚餐活動，稱為食福，常見的食福包括祭祖的「食祖公福」，祭土地公後的「食土地公福」以及其他角頭廟的食神明福。

角頭性或家族性的廟宇，在發展的過程中，不僅一直維持嚴密而完整的組織，為了方便祠廟的運作，廟方並擁有一定的財產，或以現今孳息、或以土地租賃所得、或以募丁口錢的方式，維持祠廟所有的花費，這些費用除了祭祀的花費，還特別準備一部份經費，於祭祀後辦桌，供參與組織的善信或子弟們聚餐，一方面分享祖先或神明的福份，同時也可借此連絡情感，甚至擴大交友範圍。

食福大多每年於固定的時間吃一次，土地公福則有春秋兩次，甚至有「食四季福」，也就是「一年食土地公福四次，在二月初二（約當春分）、四月八日（亦是佛誕節）、八月二日（約當秋分）與冬節（即立冬）。」（林美容《台灣人的社會與信仰》）。

●祭祖之後，祖祠大都會辦桌請大家，共同吃福氣。

冬節圓

台灣民間最普遍常見的粿類祭品湯圓，在不同的時節中，不僅有不同的名稱，更有不同的民俗含意。

冬至時節，家家戶戶也要搓湯圓，這時的湯圓就稱為冬節圓，用途則有：「冬至節，家作米丸祀先，門戶器物，皆黏一丸，謂之餉耗。前一夕，小兒將米丸塑為犬豕等物，謂之添歲……」（周璽《彰化縣志》）。

民間自古視冬至為冬節，有小過年之稱，吃了冬節圓，就表示又長了一歲，至於貼在門戶器物上的冬節圓，俗信日後可治小孩之腹痛，又可視冬節圓是膨起或凹陷，預卜懷孕婦女生男或育女。

全家人聚集在一起，合食冬節圓，最重要的意象是團圓，此外，台灣人也用冬節圓祭祀祖先，讓先人同享團圓合樂的氣氛。

●吃了冬節圓，又長了一歲。

●尾牙吃潤餅，謂可祈春早來。

潤餅

潤餅又稱春餅，是一種年初到年尾都可見到的應節食品，二月二做頭牙時，人們要吃潤餅以祈春，三月清明時節，有些人也以潤餅為祭品祀祖，或有吃潤餅應景之俗，至十二月的尾牙，更多人家應時吃潤餅，謂之「食尾牙」。

潤餅是用潤餅皮包豆芽菜、紅蘿蔔、筍乾、肉絲、蛋燥、香腸、蝦仁、韮菜、芹菜……等各種菜而成，最大的特色則是潤餅皮，它是用麵粉調水成糊狀，再用平底鍋燒成一張張薄皮，成品以薄而富有彈性為佳，需要相當的手藝才能做好，每每需潤餅應節之時，都有專門賣潤餅皮的小販，在市街上現作現賣。

捲成小捲的潤餅，也可以炸成春捲食用，具有清淡、爽口、不油膩的特色，一直深受人們的喜愛。

南北貨

尾牙之後，年的氣氛愈來愈濃厚了，各百貨公司、商場也紛紛大作廣告，吸引人羣前來辦年貨。

辦年貨委實是過年之前最重要的工作之一，現代社會中，由於經濟的發達，年貨的種類繁多，從甜食糕粿到家電用品全都屬之，要辦那些年貨，則視家庭的需要與經濟能力而定，但無論什麼樣的家庭，大多免不了會去辦些南北貨回家。

南北貨其實是指傳統新年中的應景食品，如黑棗、木耳、金針、香菇、魷魚絲、牛肉乾、粿類、糕餅……等物，因這些貨品來自南北各地而名，人們除了食用，也需要用來祀神、祭祖。

台灣每個大城小鎮，大多有專門販賣南北貨的地區，其中最出名的便是台北市迪化街以及高雄市鳳中街等地，過年期間，每天擠滿了人潮，把年的氣氛炒得最熱烈。

●台灣各地，都有販售南北貨的專業街。

●年架是一種形式，卻頗受客家人重視。

年架

臘月送神之後，過年的氣氛已經相當濃厚，家家戶戶都忙著做年糕，準備辦年貨……，客家人更把臘月二十五日這一天視為年架，表示已經進入年關，一切行事都要照新年的規矩，不得違誤。

客家人的年架，從臘月二十五日至正月初五日止，臘月底為入年架，新年之後初五日出年架，在這長達十天的時間裏，都視同新年期間，一切禁忌都得遵守，諸如不能打破碗、不能罵人、不能與人發生衝突，諸事講求好采頭，凡事吉祥為重……直到出了年架，一切才恢復正常。

年架雖然只是一種形式，卻也代表著客家人對於年俗的重視。

謝館

舊年將近，各行各業都例於在年底將業務做一整理，表示舊年結束，期待新年到來，以演戲為主的戲班，則要舉行謝館之禮，各劇種都有不同的謝館活動。

謝館也就是封箱，台灣的布袋戲在年終演最後一齣戲時，一般的戲偶都按平時將偶身、戲服分開收藏，但需找出一小生及花童，穿戴整齊放在戲箱的最上層，表示請「父子顧籠」，團主才能安心過年。歌仔戲班因於新年期間，仍有戲演出，謝館儀式常不能舉行，最多於除夕夜演完最後一齣戲時，在戲台上設案祭拜天公及戲神，完後團主請大家吃團圓桌，並發給紅包，以賀新年之喜。

傀儡戲的謝館，則要設案祭祀三田都元帥，完後並請團員吃團圓桌，餐後分別回家過年，待新年開館再來上工。

●傀儡戲謝館，要祭祀三田都元帥。

甜粿（粄）與長年菜

過年過節，家家戶戶都要準備許多食物，以示豐隆，卻常被現代一些不食人間煙火的人批評為浪費，但若認真考慮過去社會的貧窮與匱乏，自然就較容易體會「飽年飽節」的特別意義了。

新年期間，有兩種食物特別有意思：一是甜粿，客家人稱甜粄，也就是年糕，雖有人解釋為「年年高昇」，對台灣人而言，最重要的是代表甜頭甜尾的祭品與食物；長年菜則是除夕夜特別的食物，雖只是用刈菜煮成的大鍋菜，卻清楚說明台灣人希望長久，世代綿延的隆厚含意。

●晚近的年糕，漸往小而精緻發展。

●客家人完神，也一併酬謝神恩。

完神

舊年除夕，民間的諸多行事中，有許多相當有意義，完神是客家人特有的習俗，至今仍相當受到重視。

客家話中的完，其實是還，意指向神明還願之意。舊時人們日常行事之中，有許多機會與神明接觸，向神明祈願的機會非常的多，許多願成了之後，都得謝神還願，但總有許多許願可能因事忙或其他原因忘記了，人們又怕不還願會遭到神譴，乃借著舊年的結束，一併向所有的神明還願。

完神可分為兩個部份：一是到家宅附近的廟神，一一敬祀大小神明，表達感謝與酬恩之意；二是借著除夕拜天公的機會，一併酬謝其他各地神明的保佑，如此可避免欠了外地的神，忘記還願。

●供桌上添新碗，表示家裡添了新人。

添碗

客家人除夕之日，都要舉行拜天公，主要的目的是感謝天地的寬厚賜予，同時也一併還了向諸神所許的願。此外，家庭中若在這一年內，添增了新的人口，還要特別添碗，以示向玉皇大帝報告。

添碗並沒有特別的儀式，僅在拜天公時，在頂桌多一只全新的碗，有些人家怕一個碗不易被發覺，特別準備了十個整組的碗，連包裝紙都不拆封，如此可很明顯地看到那組全新的碗，象徵家裏添了新的人，而這新人，並不只是剛出生的嬰兒，新娶的媳婦或者剛收養的孩子，都包括在內。

以增加新碗的方式，來表示家裡添了新人口，除了借此向上蒼奉報之外，更表現出家人的認同與接納。這雖只是一個極小的動作，意義卻非常深遠。

吃團圓桌

臘月除夕，為年俗中最高潮的一天，民間在這一天的行事頗多，最重要的首推吃團圓桌。

舊時的人們，由於重男輕女，三餐都是男性用完餐，婦女及小孩才能上桌，唯獨在除夕之夜的團圓桌，不僅婦女及孩子都能一起上桌吃飯，出外謀生或求學的子弟，也要趕回家裡，全家共聚團圓，稱為吃團圓桌。

也有部份人稱辭年的吃團圓桌為圍爐，由於台灣氣候炎熱，這個北方傳來之俗並不盛行，傳統的台灣人，對過年最重要的意象，仍是吃團圓桌。

吃團圓桌寓意一家團圓，餐桌上也有許多象徵團圓之物，如魚圓、肉圓……等，另有韮菜象徵久遠，菜頭取意好采頭，而且這一桌要吃得愈久愈好愈能夠綿延長久。

●現代人吃團圓桌，講究清淡可口。

壓歲錢

除夕之夜，人們雖然以歡欣鼓舞的心情，迎接即將到來的新年，然而對舊的年，卻有許多懷念與不捨，在這個晚上，會有長長的守夜之俗，意義雖謂為父母守長壽之意，卻也是對舊年的最後回味。

守夜之時，也是長輩分壓歲錢給孩子的時候，舊時的壓歲錢實乃以銅錢壓歲之意，吳瀛濤撰《台灣民俗》載：「長輩以壓歲錢分賞婦幼為吉兆。往時，壓歲錢係用紅線穿制錢百枚，取長命百歲之義。」，慢慢地這個隆重的意義不復見了，壓歲錢逐漸改成紅包，成了孩子們過年時節的一筆額外收入，當然，這完全是拜現代社會繁榮之賜！

●壓歲錢已成孩子最主要的零用錢。

3／祭祀禮儀

●台地的祭祀之禮，種類繁多。

祭祀之禮

民間的祀神祭孤，除了舉行大規模的醮祭、法會之外，民間也常以各種正式的祭祀之禮來祭祀神明以及祖先。這些祭禮，規模不同，繁簡不一，但都各有完整的祭儀與特色。

以祭祀的對象而言，民間祭禮大體包括：祭祖、祭神、祭孔、祭岳、祭山神、祭河伯、祭文武聖以及每年例行的春秋二祭，這些祭禮雖也屬於民間信仰的一部份，卻有較完整的儀式與特色，和一般信眾的隨意祭拜有明顯的差距。

祭祀的規模，從最簡略的三跪九叩禮，到單獻、三獻、九獻大禮以至於釋奠之禮，依祭祀的對象、祭典規模以及祭祀的目的而有分別。一般而言，除了祭孔必用釋奠之禮外，其餘的祭禮，大多視主辦者的能力與意願，選擇不同規模的祭祀方式。

●祭祖之儀以三獻禮爲多。

祭祖

民間祭儀中，祭祖一直都是最受重視的一項，一般人除在家裡祭祀，各祖廟宗祠每年定期的祭祖，儀式更為隆重。

祭祖之前，必須派人將祖祠打掃乾淨、整理過家神牌，在龕上擺置四果、糖果、三牲、銀紙，還要在金爐上插一對金花，並將寫有祖先官職或功績的長腳牌、涼傘、芭蕉扇等置於門口兩側，燈樑上也要掛有書寫姓氏堂號的燈籠，一切就緒後，才開始祭祖。

一般的祭祖大典，以三獻禮為多，由主祭者連同兩位陪祭者率領所有子弟行過大禮後，有些宗祠還請戲班演出進魁甲，以祈代代子孫文魁武甲，高官厚祿，祭典之後，聚餐時並演出野台戲，供大家同樂，有些地方於大禮之後，子弟們得再向長老們行三跪九叩禮，各宗祠的禮俗並不相同，完全視各姓氏的舊俗而定。

家神牌

祭祖活動中，最重要是向祖先表示追思與感念之意，宗祠之中供奉的祖先靈位，鮮少有塑像的例子，大都為書寫有祖先輩分與名字的神主牌，稱為家神牌。

各宗祠的家神牌，雖無一定的體例，但大體分中、南、北三龕，中龕稱仁位，最多僅能供奉該祖祠的始祖或有特別功勳的先人十二位，南龕為義位，北龕為禮位，則依祖先的輩分排下來，如果還不夠使用，可再依左右次序再列智位及信位，全龕甚至有高達四、五百人的例子，但一般以一、兩百人為多。

家神牌除有歷代祖先的姓名，一般也會列上堂號，如果是被招贅的人家，則可能同時寫上兩姓的堂號，另外也有些新製的家神牌，為求「一勞永逸」，將仍活著的人也寫在家神牌上，再用紅紙將名字貼掉。至於家神牌的質材，大都是木頭雕刻而成的，唯早些年有些流浪的客家人，用紅布寫成家神牌，以方便隨身攜帶。

●美濃客家民宅中的家神牌。

金花

祭祖活動中，香爐上要插一對金花，一方面可增加熱鬧喜氣，同時也有借先人光采之意。

外型酷似春花的金花，同樣都為紙剪製而成的人造花，兩者的差別是春花上大都有春字為記，金花則無，且多用金色的錫箔紙為材質，南部地區的金花上，還塑有一個小偶頭，模樣非常可愛。

金花原始的用意，是舊時秀才或舉人名列金榜時，插在帽冠兩側的錦上添花物，後來逐漸被借用在民間信仰的場合，如插在香爐上或者普渡的大豬公上，目的同樣都是添增喜氣與好采頭。由於金花和春花造型極為相近，金花也常被誤為春花，插在新年的春飯或發粿上，幸好兩者同樣可以添增吉祥的氣氛，誤用了也無大礙，也就無人特別在意。

●插在土地公牌位上的客家金花。

祀神祝壽

祭祀神明是民間信仰中最普遍易見的行為，然而，除了善男信女們，不限時間、地點以及準備的祭品，自動到廟神前燒香敬祀自由祭拜外，每座廟於神明壽誕之期，大都會舉行隆重的祀神儀式，為神明暖壽。

由廟方主持，且有正式儀式的祀神祝壽，各廟舉行的規模並不相同，大者為長達一日的神明誕醮，小的僅舉行幾個儀式而已，舉行的時間，有的從子時始，有的在早上舉行。這些規模較小的祀神祝壽大典，必備五牲祭品、鮮花素果、醇酒清茶，甚至還有麵豬麵羊，極為豐富隆重。如果是醮典則要請僧人或道士主持，普通的祭祀之禮，則由廟方主事者主持，其他代表性人物在旁參與祭祀，主要的儀式包括：請神、誦經、禱祝暖壽、敬獻、謝壇……等。過程簡單，但典禮相當隆重。

●宜蘭補天宮的神誕祭典。

●鳳山曹公祠的神誕祝壽大典。

●台北龍山寺的藥師佛誕祝壽大典。

祭孔

祭孔雖然一直都是官方主祭的祭典，民間少有機會參與，然而其禮儀與形制，卻深深地影響民間的禮俗，故乃列於民間信仰中一併討論。

祭孔大典素為民間祭儀中最崇聖之禮，中國歷代對祭孔的祭器與儀式都有官方文書記載，就以祭器來說，清代的規定要用帛一、牛一、羊一、豕一、爵三、登一、鉶一、簠二、簋二、籩豆各八，另外四位配祀者共用羊一、豕一、各帛一、爵三、登一、鉶二、簠二、簋一、籩豆各六，祭祀十哲還要共用帛二、豕二、各爵一、鉶一、簠一、簋一、籩豆各四，另外每廡的祭品也有規定，其中許多東西在現代社會中根本消失了，現今的祭孔儀式，所備的東西簡略多了。

隆盛的祭品之外，祭孔的禮儀更為莊嚴，先以鳴炮奏樂為序幕，身穿禮服的各祭官分別就位，行釋奠之禮、跳八佾舞、奏雅樂、讀疏文、徹饌、送神、望燎，每個儀式都不得馬虎。

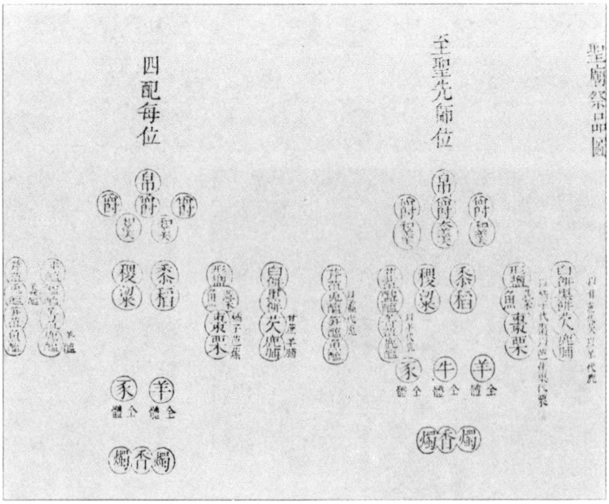

●《中山傳信錄》所刊的聖廟祭品圖。

●祭孔的六佾舞，最爲壯觀、動人。

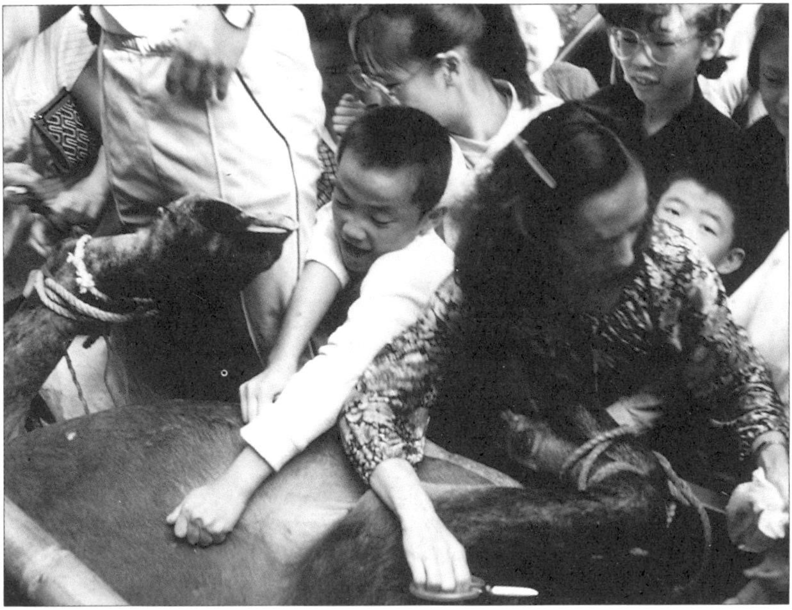

●祭孔之後，搶拔智慧毛的人們。

智慧毛

祭孔大典中，往往吸引許多民眾，尤其是在學學生，然而他們最有興趣的目標，並不一定是祭典本身，反而是會後的贈智慧毛或拔智慧毛活動。

智慧毛實乃民間的俗稱，乃指祭孔太牢上的毛而言，民間認為文聖享用過的牛隻身上之毛，取下交給讀書人，可添增智慧，考試更可順利，後來乃用智慧毛稱之，俗信其功用宏大，效果顯著。各地祭孔，都有許許多多的父母帶著孩子去找智慧毛，由於爭奪者眾，每每造成秩序大亂，八〇年代初期，官方乃取消贈送或由民眾自己拔智慧毛的舊例。

如今的祭孔，雖然不允許搶智慧毛，但仍有太多人不死心，他們雙眼直盯著那頭牛，待祭典一結束，牛送出祭場時，蜂擁而上的人便不顧禮節，各憑本事地要搶幾根智慧毛回家。

祭岳

中國宋代的名將岳飛，在台灣的民間信仰中，並未受到重視，少數的幾座岳王廟，大多是在前清時，因某人或某特殊因素而倡建的，一般民眾雖甚少主動前去祭拜，卻也被尊奉為關聖帝君之外的另外一位武聖，吸引特定族羣的敬奉。

平常香火甚稀的岳王廟，每逢二月十五日岳武穆王的祭日，各地的岳王廟，則要舉行儀式完備的祭禮，規模最簡略者也有單獻禮，一般多為三獻禮，請地方首長或軍人前來主祭，宜蘭市的碧霞宮，為突顯岳飛的武聖地位，更例行舉辦盛大的釋奠大典，一切行儀仿似祭孔大典，並商請小學生們分飾舞生和樂生，舉行隆重的武佾舞，儀禮完整，場面可觀，可謂台地祭岳大典中最具代表性的一例。

●台南永康岳王廟的祭典。

祭文武聖

民間的崇祀中，向來最重視文聖和武聖。一般所指的文聖，除了孔子之外，大多擴及所有跟文明有關之神，其中最具代表性的是文昌帝君，每年二月初三，各地的文昌帝君廟，都會以隆重的獻祭之禮，大多為三獻禮，祭祀主管文明的神祇。此外，韓愈也是另一重要的文明之神，屏東內埔地區的客家人，例於九月初九，於內埔昌黎祠三獻大禮，敬祀這位唐代大儒。

武聖大體乃指關公而言，也就是通俗信仰中的關聖帝君，每年以最隆重之禮祭祀祂的，首推醮溪協天廟，不僅分春秋兩期祀之，每祀更以釋奠之禮來表現對武聖的虔誠隆重敬意。

文聖和武聖其實也屬於民間信仰的一環，只因民間自古敬文尚武的觀念頗深，因而乃有特別的祭祀之禮。

●文昌帝君祭典，近年有復興的趨勢。

●關帝君祭典，以礁溪協天廟最盛大。

祭山神

民間對於山神的崇敬，大體來自兩大因素：一是對大自然的感念，尤其在農業社會時代，山林田野正是孕育農作物最主要的溫床，人們以自然與感恩的心敬祀山神；二是對高山叢林的敬畏，舊時人們無力完全征服大自然，對於不能觸及的部份，在不解、畏懼之餘，自然產生許多幻想，魅神仔當為其中最典型一項，人們敬山神，同時也祈避免魅神仔的侵擾。

舊時相當盛行的祭祀山神，祭典往往是由帝王親自主持，隨著政治結構的改變，祭山神之俗也漸式微，今僅少數特殊的需要或場合中，才可見到。

祭祀山神之禮，古來都以最隆重的祭禮行之，包括獻祭山神、遙祀山靈、祝祈五方、獻章祈安……等科儀，為三獻禮中最隆重、最繁複的一種。

●倒酒灌茅草，以祈萬物生生不息。

●五色紙紮成的直塔，象徵五方山神。

山靈

●山靈其實是十二生肖的另稱。

客家人祭祀山神的祭典中，有遙祀山靈的儀式，山靈乃是指十二生肖，這十二種動物，大多和山扯得上關係，因而被稱為山之靈。

祭禮中的十二生肖，都有象徵性的稱呼：鼠謂「社君松狗」，來自葛洪的《抱朴子》：「子曰稱社君者，鼠也」；牛謂「逐草臥花」，意指這種動物不管吃或睡，都離開不了草；虎叫「獸長山君」，清楚地說明了虎是山中之王；兔稱「承月搗霜」，乃來自嫦娥奔月，月兔搗米的故事；龍乃「風舉雲從」，顯示其呼風喚雨之能；蛇稱「大澤常山」，常山本就是蛇的別稱，許多人如此稱呼以避免厭惡與害怕；馬為「銀面玉蹄」，一來稱讚馬臉好看，再稱馬蹄日行千里；羊叫「叱石啣珠」，說明羊是吃草的動物，自然會咬到石頭，吃到泥土；猴為「掛月棲雲」，明顯地說牠高來高去，樹上爬，雲裡棲；雞稱「繡頭花冠」，乃在形容雞冠的鮮艷美麗；狗為「迎客附書」，表示做為人類忠實僕人的立場；豬稱「谷口苑中」，含意甚深，乃指此種動物日夜不停的吃，口如深谷一般，苑中自是指豬欄了。

祭河伯

人類的文明，本就沿著河發展、傳播。移民社會的台灣，墾拓的足跡更以河流為重心，此外，河流更提供飲水、灌溉、洗滌、交通以至於動力等種種功能，自古以來，人們對河流便相當重視，祭拜河伯之俗，更四時可見。

河伯也就是河神，人們敬祀河神，大多為例行性的行為，初一、十五祭祀土地公之後，往往就轉往河邊，以簡單的祭品敬拜，此外，年中較重要的祭典，如端午節、中元節、中秋節，許多人家都會準備牲醴祭祀河神。

大規模的祭祀河伯，則屬於地方性的集體祭祀行為，大多於固定的時間舉行，如美濃於二月戲時祭祀，員林地區於正月十六日，也有地方於十月十五日，水官大帝誕辰之期，以簡單隆重的獻祭之禮行之，一般都以單獻為主，三獻禮祀河伯則較為少見。

●敬祀河神，感謝河川賜給人們生命之源。

●春秋二祭源自古老的春祈秋報之俗。

春秋二祭

民間的祭祀活動，以祀神最為頻繁，且最隆重，有些神祇甚至例年要於春季和秋季各舉行一次隆重的祭典，稱為春秋二祭。

春秋二祭的習俗，顯然源自於舊時春祈秋報——春天祈求、秋天報達的觀念，因而春祭都於開春播種的一、二月間（農曆）；秋報則在秋收的八月時節。民間各種春、秋二祭的對象不同，祭祀的日期也互有差異，但以二月和八月中旬為多，祭典大都以三獻禮行之，也有簡化成三跪九叩禮，近年由於社會的忙碌，許多祭典都省略春祭，僅行秋祭大典，或者春祭簡略行之，秋祭再依古禮進行。

歷史悠久的春秋二祭，反映出農業社會人們與自然界緊密的關係，到了現代社會，也就愈來愈為人們所忽視了。

三跪九叩禮

三跪九叩禮為民間最常使用的祭禮之一，無論是祭廟、祀神、祭祖、祭孔，甚至於日常生活中，對長輩行大禮，都以三跪九叩行之。

以三次跪拜、九個叩首為大禮的三跪九叩禮，除了被運用在正式的祭禮中，民間也常單獨拿來使用，最常見的便是到寺廟求神時，以三跪九叩以示虔誠。舊時的禮俗中，新年或遇長輩做壽時，子弟也要以三跪九叩的大禮，向長輩請安及祈福。

祭典中的三跪九叩禮，都有引贊生（司儀）主持，典禮的進行大致是：跪，一叩首、二叩首、三叩首，起，再跪，四叩首、五叩首、六叩首，起，三跪，七叩首、八叩首、九叩首，起，禮成。對長輩的行禮，大多和上述程序完全相同。

●三跪九叩禮爲最常見之祭禮。

●喪祭大多行簡單的單獻禮。

單獻禮

三跪九叩禮對長輩而言，雖是大禮，但對神明或祖先，卻只是便禮，正式的祭儀，必須以獻禮行之，獻禮乃是奉獻祀品隆重祭祀之意，依規模不同，分為單獻、三獻與九獻禮三類。

單獻禮大多用於簡略的祀神與祭祖，更常出現在喪祭場合，喪禮中的單獻程序是：鳴炮、奏樂、陽世居子孫就位，行三跪九叩禮，詣盥洗所盥洗，詣於靈前跪，舉皿酌酒，酹酒降神，俯伏，起，復位。詣於祖先靈前，跪，初進香，再進香，三進香。舉皿酌酒，初進酒，再進酒，三進酒，獻牲禮，獻熟食，獻生，獻祿，獻羹，獻粉果，獻剛鬣，獻財帛。讀哀章者詣讀哀章位，跪，讀哀章，起，焚祝化財，行三跪九叩禮，禮成，徹饌。

單獻禮為最簡單的獻禮，耗時較短，儀式簡略，卻仍能顯示正式祭儀的莊嚴與隆重。

●三獻禮中獻財帛的情形。

三獻禮

三獻禮為民間最為廣泛的祭禮，從文聖武哲的崇祀到宗祠寺廟的祭典，大都以三獻禮行之，祭祀對象的不同，又分為宮堂、祭神、祭祖、祭祠堂、喪祭三獻禮等多種。

簡單說來，三獻禮乃是分三次敬獻爵、祿、酒、菓等東西，主要的儀式包括：擂鼓三通、鳴鐘九響，奏樂，執事者各就位，正分獻官就位，啓扉，詣于盥洗所盥洗，行三跪九叩禮，迎神，進饌，行三上香禮，行初獻禮——詣於神案前跪，進爵，進祿等，三叩首，起，復位——讀祝文，行亞獻禮，行終獻禮，復位，獻帛，化財，焚祝文，徹饌，送神，望燎，禮成……。

各地行三獻禮的細節雖互有差別，敬獻的祭品也有三次都不同的，然而所表現對神明的尊重與崇敬，卻是一樣的。

九獻禮

舊時的祭祀當中，一般都以三獻禮為最，《家禮大成》也僅列三獻禮而已，一九八七年，新竹地區的客家人卻以九獻禮祭祀褒忠義民節，九獻禮遂成為客家人心目中最隆重的祭祀。

一九八七年的枋寮義民廟九獻大禮，為客家文化研究者陳運棟所寫的儀式，整個儀禮的架構都仿似三獻禮，只是獻官分正獻官、東獻官及西獻官，「實則正，東、西各三獻則為九獻矣。」（陳運棟《台灣的客家禮俗》）。

義民爺實乃有應公之一類，但客家人對祂懷有特別的情感，乃希望借著九獻大禮，提昇義民爺的神格，獻祭中也創造出了「樂奏忠義之章」：「大霸山蒼，台海水黃。英風颯爽，巨浪飛揚。民之範則，國之元良。大忠大義，日月爭光。」以及「樂奏義軍之章」：「東粵之士，義勇端莊。墾闢炎服，拓我台疆。救民守土，沾感難忘。衛鄉保國，英名昭彰。」和「樂奏義民之章」：「天地浩流，義昭綱常。荷鋤報國，負耒勤王。忠貞衛國，感佩無疆。民族正氣，百世馨香。」。

●新竹義民廟九獻禮，以提昇神格。

釋奠禮

封建社會中，釋奠大典為祭孔專用的禮儀，原義出於《禮記》：「釋菜奠幣禮先師」，戰後也被應用在民間的其他祭典上，宜蘭市的祭岳飛與礁溪協天廟的關帝君春秋二祭，都是典型的例子。

釋奠之禮跟民間的三獻禮頗為近似，差別僅在釋奠之禮行獻禮時，麾生節生舉麾節，樂生唱雅樂，舞生跳佾舞而已，完整的儀式包括：鼓初嚴、鼓再嚴、鼓三嚴，排班，樂舞生各就位，執事者各就位，糾儀官就位，陪祭官就位，分獻官就位，正獻官就位，啓扉，瘞毛血，迎神，進饌，行上香禮，行初獻禮，行讀祝禮，行亞獻禮，行終獻禮，飲福受胙禮，徹饌，送神，捧祝帛詣燎所，望燎，復位，闔扉，徹班，禮成，鳴炮等。

無論是官方的祭孔或者是民間的祭岳，行釋奠禮的人都必須著古制禮服，行禮更小心隆重，每每都要事先排演多次，才不至於出錯。

●宜蘭的岳王祭，行釋奠大典。

執事者（禮生）

無論是獻禮或釋奠大典，祭場中都需要許多服務人員，他們都得穿著古式禮服，分別在場內各角落提供服務，以利典禮順利進行。

通稱為執事者的場內工作人員，也叫禮生。負責的工作包括迎神、送神的持涼傘、芭蕉扇、香爐，启扉闔扉的開門關門工作，上香禮的遞香與接香，獻禮時的接遞祭品以及最後的望燎工作等等，他們是祭場中基礎的服務人員，缺之不可。

祭典開始之初，執事者首先就位，多達七、八十人的禮生便開始在個人的定位上提供各種服務，以利典禮順利進行，這些禮生，大多由各級學校的學生們擔任，若找不到學生幫忙，就得找些信徒來充任。

●執事者實爲祭場的雜務人員。

引贊生

隆重的釋奠大典場合中，大多設有專門引導各獻祭人員，到固定位置就定位的人員，他們並不屬於執事者，另有專門的稱呼，稱為引贊生。

引是引導之意，贊為相禮的人，引贊生也就是行禮者的引導人，一般而言，正獻官及分獻官的每一步驟，無論是盥洗，上香，敬獻，復位……都有引贊生引導，只要跟著他走，大概不會出錯。

引贊生也有正、副之分，正引贊乃指專門引領主祭官的人員，副引贊則是引導正獻官復位者，至於分獻官的引贊生，每一位獻官都僅有一位引贊生，並無正副之分。

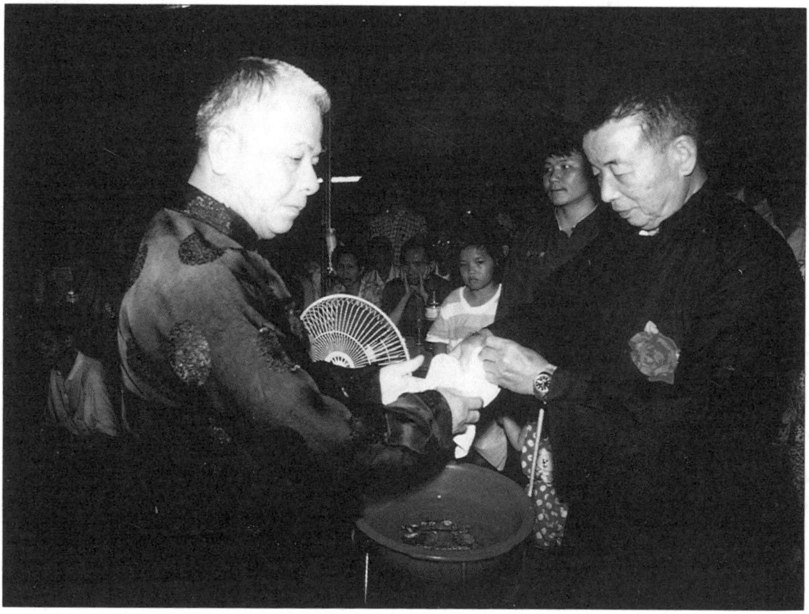

●引贊生是引導相禮的人。

麾生與節生

獻祭之禮中，除了成人之外，兒童也扮演著重要的角色，一般而言，孩子們大多擔任麾生、節生、舞生、唱生、樂生等工作。

麾乃為指揮用的旌旗，節則為代表信物的符節。麾生手持纁帛製以令樂歌的麾幡，節生持紅（黃）絨絲製長七尺、七層下垂竿八尺五寸的旌節，象徵著祀神的儀禮威嚴。

麾生與節生，主要的任務是指揮舞及樂，典禮開始時，麾生在前引導樂生至殿前左邊定位，東麾（站在東邊者），負責指揮樂生奏樂，西麾（站在西邊者）則負責止樂。節生則引導舞生就定位，然後持旌節分立左右兩側，發號起舞。

▼麾生負責指揮樂生演奏音樂。

●節生負責引導舞生進場及起舞。

舞生

釋奠大典之中，最受矚目的一羣人，可能就是身穿鵝黃色長袍，頭戴黑色文士巾，左手執籥，右手持翟（雉）尾三根的舞生。

舞生的主要任務是和樂起舞，從跟隨節生出場起，便隨著音樂五步一頓，整齊有緻，相當引人注目，跳佾舞時，更隨著不同的樂章，以一字一動作的方式，按音樂節拍獻舞，動作緩慢莊嚴，一板一眼中不失典雅風範，每每成為萬眾矚目的焦點。

大多由國小學生擔任的舞生，分別於行初獻、亞獻、終獻禮時隨樂起舞，每獻之舞也隨奏樂的不同而有所改變。

●關帝君祭日的舞生。

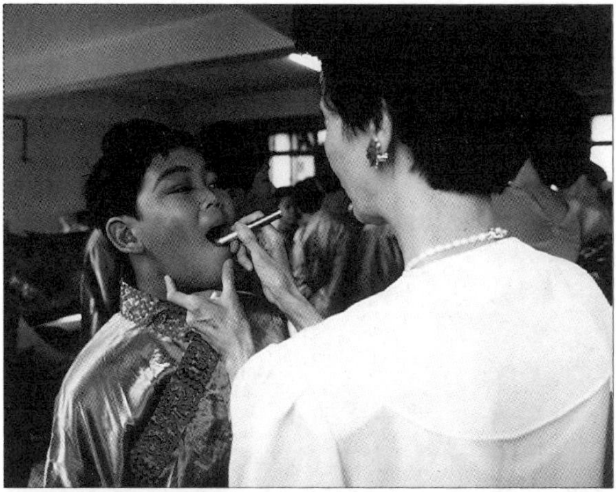

▼宜蘭岳王祭中的舞生。

◀老師忙著幫舞生化粧。

樂生與唱生

釋奠大典中的樂生和唱生，雖然不參與動態的演出，一直都較不受到人們的重視，然而他們提供整個祭典的音樂和舞曲，缺之必然大為失色，甚至祭典無法進行。

顧名思義，樂生乃負責奏樂的人，祭孔所用的音樂為雅樂，樂器都為傳統的管弦的古樂器，人數約需四十八至六十人，也有規模更小的樂團，自迎神「樂奏咸和之曲」開始，幾乎每個儀式，樂生都必須配合節目的進行，演奏各種雅樂以為配合。

唱生也就是歌唱古曲的人員，人數則僅十幾二十餘人，主要的任務是在三獻禮時，高唱舞曲，以節制舞生一字一舞，所唱的每句詞，舞生都需配合起舞，使得祭場充滿著和諧、典雅之美。

●樂生負責演奏各種樂器。

糾儀官

釋奠大典的進行，須由許多人分別擔任不同的角色與職務，這些人的服儀與行事是否得當，另有人專門負責察看與糾舉，負責這項工作的也就是糾儀官。

一般而言，糾儀官於「糾儀官就位」時，隨引贊生到廟左前殿龍門旁，面對廣場立定後，一直到典禮結束，都定在那裡不動。糾儀官站在龍門旁，乃因龍門為入廟之門，任何人入廟都要經過他這一關，服儀不整或行為不當者自會遭到他的糾正。

所有參與祭典的人中，僅糾儀官具有武官身分，民間舉行三獻或釋奠大典時，都喜歡請地方上的軍事將領，就穿著軍服，掛著軍階，在廟門前「站衛兵」站到活動結束。

●糾儀官立於特定的位置把關。

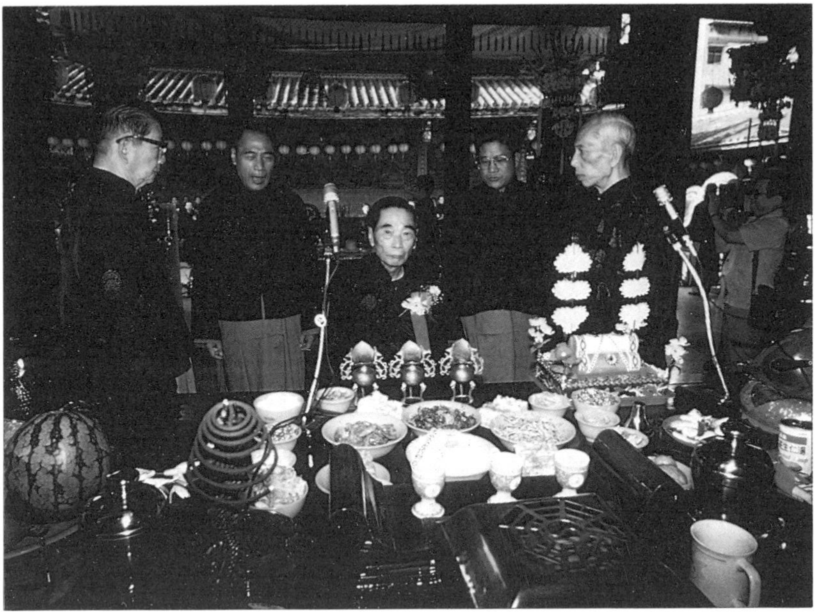

●正獻官爲整個祭典的主角。

正獻官

任何一個祭典，無論規模大小，不管什麼儀式，都要有一位主要的祭祀人員，一般的祭典稱主祭官，釋奠大典則稱正獻官。

正獻官為全場最具代表性的人物，就位時立於分獻官之前的廣場正中央，表示率領所有祭祀人員向孔子或主神敬祀之意，這個象徵權威與高位的職務，自然是由地方上職位最高者擔任。

負責主神獻祭的正獻官，必須依古禮在正殿上香、跪拜、初獻、亞獻、終獻，完後還要飲福受胙以及望燎……，不僅任務較多，所有行事更有兩位引贊生負責，正引贊帶領他就定位，副引贊引導他復位，如此隆重的排場，更說明了他的獨尊地位。

分獻官

地位高過陪祭官，屬於正獻官副首的分獻官，一般都有兩位以上，有的多達十餘位，完全看配祀神祇的多寡而定。祭孔時，東、西配，東、西哲，東、西廡先賢及東、西廡先儒都需要有分獻官。

分獻官就位時，各分獻官隨引贊生引導到陪祭官之前定位，他們主要的任務是協助正獻官，分別到其他配祀先賢或神靈前行香或獻祭，在儀式的進行中，他們將隨著引贊生詣盥洗處盥洗、上香、初獻、亞獻、終獻……等，一一完成每一個儀式。

地位僅次於正獻官的分獻官，一般都由地方的二號人物或正獻官的重要幕僚擔任，少有例外發生。

●立在祭場最前方正獻官兩側的，就是分獻官。

陪祭官

正式參與祭祀的人員，由於身分地位的不同，所扮演的角色也有高低之別，地位最低的為陪祭官，實為可有可無的角色。

因陪同祭祀而名的陪祭官，就位時立於廟前庭的最前方，面朝正殿而立，他們不需走動，從頭到尾就跟著正獻官及分獻官或跪或拜而已，由於他們實為陪襯性質，除了正式的祭孔大典，許多祭典中並不要求他們穿古式的禮服。

大多由地方普通首長或民意代表充任的陪祭官，人數並無限制，多人則多列，少人則少列，卻不能完全無人陪祭，否則必遭人質疑典禮不夠莊隆。

▼正分獻官後的，全都叫陪祭官。

鼓初嚴到鼓三嚴

隆重的釋奠大典或三獻禮，大多以擊鼓揭開序幕，也就是一般的：鼓初嚴、鼓再嚴、鼓三嚴。

鼓初嚴是正式宣佈典禮即將展開，希望每個人專注精神，以莊嚴肅穆的態度參與這個祭典。擊鼓時先敲鼓框一響，繼之用雙錘一重一輕，由緩而急，由弱轉強地連擊鼓心，然後漸緩漸弱，至一百零八聲靜止後，再用力擊鼓心一聲，另有一人則擊鐘以為呼應。

鼓再嚴乃是提示樂生、舞生及執事者依序排好班，準備入場，擊鼓的方式與初嚴相同，只是首尾的擊鼓框、鼓心及敲鐘都為兩聲。鼓三嚴則全改為三聲，這時引贊生、陪祭官、分獻官也必須到大殿前排列等待入場。

鼓過三嚴之後，接著就是不同職司的人員依序入場。

●擊鼓揭開祭典的序幕。

啓扉與闔扉

台灣各地的孔廟，平常的日子裡，大成殿正對面的戟門及戟門之外的櫺星門是緊閉著的，人員的出入都走旁門，僅在祭孔之時，為了迎神，才將門打開，結束後又立刻關上，這開門與關門，也成了釋奠大典的一部分，稱為啓扉與闔扉。

啓扉是在瘞毛血之前，將戟門及櫺星門的五扇門一一打開，闔扉則一一關上。民間祭典中，也將這兩儀式借去使用，有些從來不關門的廟，為了啓扉得先將所有廟門關上，而在啓扉之際，禮生還大聲誦曰：「左開風調雨順，右開國泰平安。」充份表現出民間信仰自由、活潑的一面。

▼打開門柵，以啓扉迎神。

●毛血乃所殺豬羊的毛和血。

瘞毛血

祭典的大門正式開啓之後，緊接的儀式是瘞毛血。

瘞為掩埋之意，毛血指祭品中的牛、豬、羊之毛和血。《國語》載：「毛以告物，血以告殺」，祭典之初要特別舉行這個埋毛血的儀式，乃是虔誠向神告示備具太（少）牢的悃意，請神欣然領受。

釋奠大典中的瘞毛血，大多用一個木碗盛裝牛、豬、羊三牲的毛血，從大成殿下階，過前庭，穿越戟門出櫺星門，在門外的西方掘土，將木碗連毛血一併埋入土中，儀式便告完成。至於選擇在門外西方，乃因西方屬金，主肅殺之故。

瘞毛血除了祈神領受，也有人認為這個儀式中，表現出德仁歸藏之意。

迎神與送神

瘞毛血之後，便可以迎接神靈降臨，之後正式的祭禮才得以展開，迎神自成了相當重要的儀式。

釋奠大典中的迎神，要奏「咸和之曲」，先由司祝者擊柷（木製箱型樂器，起樂專用）三聲，搖播鼗（兩旁有耳的手搖小鼓）三通，之後諸樂合鳴，歌樂齊唱，難得使用的編鐘也派上用場，特鐘於每樂句前擊一響，編鐘及拍板則擊第一拍，編磬則擊第三拍，特磬於每樂句最末敲擊一響，然後特鐘再擊一響，建鼓一響，應鼓二聲，連續三次便續下一樂章……。

迎神之禮，乃由禮生分持雙燈、雙爐、雙斧、雙鉞、芭蕉扇、涼扇，分兩行相對魚貫出儀門及櫺星門外的側門，在門外會合後，由中門轉入戟門，迎請神靈入大殿，將所有手持物復位後，儀式便告完成。

●迎送神明，都是相當重要的儀式。

祭典完成之後，也要用同樣的樂曲，相反的路徑舉行送神之禮，請神回歸原位，至「樂止」儀式完全結束。

進饌與撤饌

饌乃指食物之意。任何祭典，都必須準備許多祭品供神明享用，三獻禮或釋奠大典中，為表示慎重起見，特別安排了進饌與撤饌儀式，表示敬獻祭品與撤回祭品之意。

事實上，在祭典之前，工作人員就必須將所有祭品排置妥當，進饌只是一種形式性的儀式，典禮開始時，執事者捧著一銅製如小鼎狀的鉶進饌，到正殿香案上，將竹製盛乾肉的籩以及木製盛肉醬、酷醬的豆……等器具稍稍移動後，再歸回原位，以象徵為神明進供祭品之意。

撤饌的儀式和進饌大致相同，也是將神案上的祭器和祭品稍移動後，再回歸原位便成。

▼進饌和撤饌，都是象徵性的儀式。

佾舞

釋奠大典和一般的三獻禮，最大的差別除了儀式的繁簡與莊嚴性，獻祭之時的佾舞更是釋奠之禮獨有特徵。

佾為行列之意，佾舞本意為排列整齊的舞蹈，後來漸專指天子諸侯祭祀所用的舞蹈。《左傳》謂：「舞所以節八音而行八風。故自八以降，天子用八，諸侯用六。」天子所用的八佾舞，乃指八列八行共六十四人組成的舞團，諸侯的六佾則由三十六人組成，另還有大夫用的四佾舞以及士用的二佾舞。

孔子曾於唐代追謚為文宣王，依照封建社會的舊制，祭孔可用八佾舞，但台灣各地的孔廟，卻因「場地狹小」的理由，僅用六佾舞。至於民間的祭岳飛以及祭關帝君，則用四佾舞或武佾舞。

●佾舞的舞生，手持籥和翟。

武佾舞

佾舞在傳統的規制中，分文武兩類，舊時祭孔傳曾行文武兩佾舞之例，晚近則僅舉文佾舞而已，武佾漸為人們所淡忘，九〇年代初，台北市的祭孔，曾有增加武佾之說，最後卻不能實現。

武佾舞和文佾舞一樣，依參加人數的多寡，分八佾、六佾以及四佾，一般都在祭祀武聖才行之，台灣有兩地例年都要以武佾舞祀神，一為宜蘭岳王廟，二為礁溪協天廟，但規模都僅四佾而已。

武佾舞的舞生，同樣著禮服，手上執的卻非文佾舞生的籥和翟，而是手斧和盾牌，舞步也一改柔美溫和，更重剛強有力，威武生風，節奏更為明快而段落分明，已成為台地最特殊的祭舞。

●武佾舞的道具是手斧和盾牌。

飲福受胙

三獻禮完了之後，緊接著的儀式為相當有意思的飲福受胙。

福乃指福酒，實為祭祀所用的酒；胙為胙肉，同樣是祭祀所用的肉。飲福受胙時，正引贊再次領著正獻官到正殿香案前，由另一人遞上，小小杯酒及盛於盤中的一小塊肉，正獻官象徵性的接受之後，向案前行三鞠躬禮或三跪九叩禮，再由後引贊生引領復位，儀式便告結束。

儀式簡單的飲福受胙，乃是祝福之意，也就是象徵神靈將降福於所有的子弟或善男信女，由正獻官代表大家接受。

▼飲福受胙，代表接受福氣之意。

望燎

三獻禮或釋奠大典中，最後一個儀式性的節目，便是望燎。

燎是指燃燒帛祝的火花，望燎也就是觀看帛祝的火花。這個儀式，需正獻官親自主持，正引贊生率領著正獻官、分獻官及手捧著帛祝、疏文、金銀財富、金紙的執事者，兩旁還有人持長腳牌或芭蕉扇護送，從正殿直接穿過中門，到廟埕前臨時搭建的燎所（一般以竹子為架，約在一人高或稍高處置一大鐵鍋），執事者一一將手捧的東西放進燎所，再由一人點火引燃，正獻官便在一旁目視著煙火冉冉上昇……。

望燎的用意，就是要看著焚燒的煙火冉冉昇天，象徵著民間所奉獻的心意與東西，都化成煙及火上達神鑒，而這一切，正獻官都得親眼目睹，不會出錯。

●望燎表示祭禮全部結束。

史

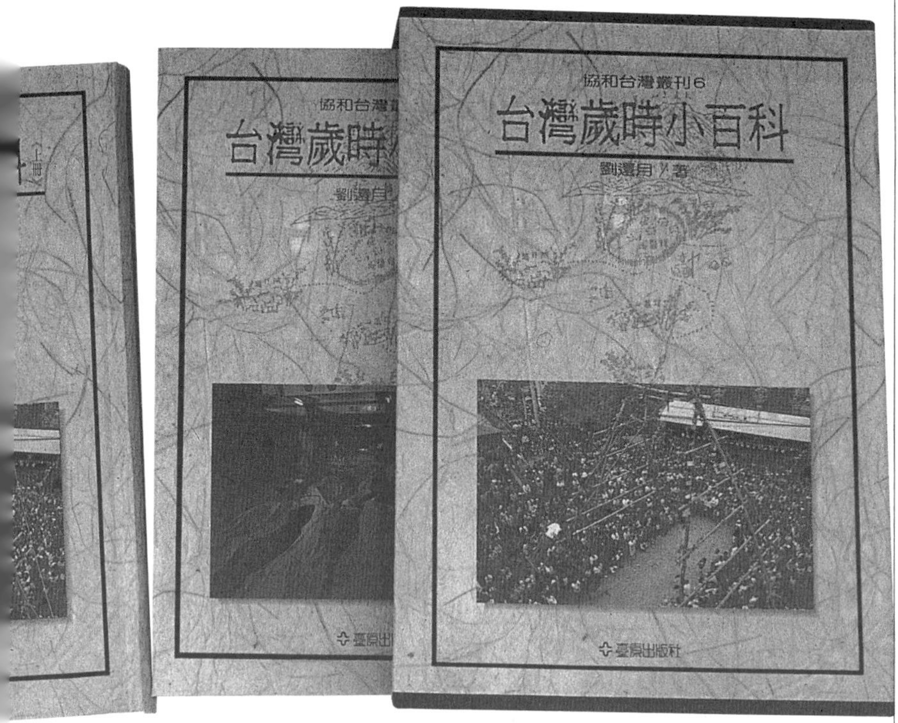

二十五劃

二十七劃

其他

二十一劃

二十二劃

二十三劃

二十四劃

十八劃

十九劃

二十劃

十七劃

十六劃

十五劃

十四劃

十三劃

十二劃

十一劃

十劃

九劃

八劃

七劃

六劃

五劃

四劃

索引

一劃

二劃

三劃

國立中央圖書館出版品預行編目資料

台灣民間信仰小百科. 節慶卷/劉還月著. --
第一版. ——台北市：臺原出版：吳氏總經銷,
民83
面； 公分. ——（協和台灣叢刊：42)
含索引
ISBN 957-9261-56-3（精裝）

1.民間信仰—台灣

271.9 83000258

●協和台灣叢刊42●
台灣民間信仰小百科〔節慶卷〕
著者／劉還月
責任編輯／徐靜子
校對／郭貞伶・郭瓊雲・徐靜子・洪嘉慧
發行人／林經甫（勃仲）
總編輯／劉還月
執行主編／詹慧玲
編輯／蔡培慧・徐靜子・陳柔森
出版發行／臺原藝術文化基金會・臺原出版社
發行所／台北市松江路85巷5號
編輯部／台北市新生南路一段157巷36之1號
電話／（02）7086855～6
傳真／（02）7020075
郵政劃撥／1264701～8
出版登記／局版台業字第四三五六號
法律顧問／許森貴律師
地址／台北市長安西路246號4樓
印刷／秋橋彩色印刷股份有限公司
電話／（02）9175830
總經銷／吳氏圖書公司
地址／台北市和平西路一段150號3樓之1
電話／（02）3034150
定價／新台幣三九〇元
第一版第一刷／一九九四年（民八三）一月

ISBN 957-9261-56-3